U0128163

納音古占卜

游志誠・著

一 最快速求世應歸本宮口訣
二 首揭六十四卦納音裝卦
三 示範納音、金錢卦、卦爻辭三種合參斷卦法
四 十一種多元起卦法

國家圖書館出版品預行編目（CIP）資料
納音古占卜 / 游志誠著. -- 初版. -- 高雄市 : 麗文文化事業股份有限公司, 2023.07
面； 公分
ISBN 978-986-490-219-4(平裝)
1.CST: 易經 2.CST: 易占
292.1 112010236

納音古占卜

作　　者　游志誠
發 行 人　楊宏文
編　　輯　李麗娟
封面設計　薛東榮
內文排版　弘道實業有限公司

出 版 者　麗文文化事業股份有限公司
802019 高雄市苓雅區五福一路 57 號 2 樓之 2
電話：07-2265267
傳真：07-2233073
購書專線：07-2265267 轉 236
E-mail：order@liwen.com.tw
LINE ID：@sxs1780d
線上購書：https://www.chuliu.com.tw/
臺北分公司　100003 臺北市中正區重慶南路一段 57 號 10 樓之 12
電話：02-29222396
傳真：02-29220464
法律顧問　林廷隆律師
電話：02-29658212

刷　　次　初版一刷 · 2023 年 7 月
定　　價　400 元
I S B N　978-986-490-219-4（平裝）

版權所有，翻印必究
本書如有破損、缺頁或倒裝，請寄回更換

LIWEN PUBLISHER

自序

現存金錢卦占法在納干、納支、逆行順行、六親，以及生旺祿絕、神煞求法等等許多方面，都存在某些令人疑惑，覺得不太合理的安排。有心的專家看到這一點，而出現了一些反省檢討的說法。

這些說法可舉上世紀劉大鈞《納甲筮法》此書為開端，其次是趙向陽《易數解碼》說今本納甲占法有錯簡。到了二十一世紀，又有張德《卜筮正宗闢謬》此書也注意到這種不合理現象。

但是仔細一看，上世紀這些易卜專家雖然帶頭拋出了「檢討金錢卦裝卦有錯」的問題，也試圖做出某些分析原因，卻都不是直指要害，說明清楚，有的甚至對自己認為「正確」的裝卦，內部產生自相矛盾之論證。

為此，本書重點式考證金錢卦今傳本疑誤相關問題。另外，此書還編制「口訣」加「掌訣」傳授五術的基本知識。口訣都以五言或七言方便背誦，有時也參用字句不等的「雜言」。這是古人啟蒙教導初學者最常用的方法，可惜較少被現代五術師善加利用。

其實，看一看五術古書有很多都是用五言詩、七言詩、古詩編成口訣，舉凡山、醫、命、相、卜都有。例如：湯頭歌訣、脈訣、地理黃金策、千金訣、遊年歌……等不勝枚舉。本書從這裡得到很多啟發，加以採擇整編改為「現代版」歌訣。

再說五術到了今天，已經走向「跨界融合」的模式，每位五術師幾乎很少只會看一項手面相，看一種風水。大家多多少少都是八字、擇日、卜卦、面相、風水陰陽宅一起來，不再只是專守一門五術而已。

也就是說，當代五術是一種建立在古代傳統《周易》數術學的「基礎知識」之下所發展出來的一套百科全書式的「新」五術學。

理解這個定義的五術，必然要十分重視五術不論那一門都要知道的共同知識基礎，才能真正進入五術這門行業，才能有效地學習或教導五術。

如何教導與學習五術共通的「基礎知識」？這正是本書附帶編寫神煞掌訣的主要動機。全書，教你納音古占法的裝卦、斷卦方法，也有五術學習的口訣掌訣，期待有志鑽研五術，特別是想要學習古法占卜的五術中人，一起研究。

目次

二、五術基礎與掌訣 051

《下經》

一、納音古占基礎知識

一談到卜卦，有的說是文王卦，有的說是金錢卦，也有人說是火珠林。然而因為由麻衣道人所著，吳智臨序的《火珠林》確實有流傳，後來的卜卦書，也幾乎都源本於此書。例如自明清張星元《易林補遺》、程元如《易冒》以下到《增刪卜易》、《卜筮正宗》，都是延續《火珠林》此書的卜卦法。其實，主要的占卦法都是本源《周易》，應該統稱作《周易》占卦。

須知原本《火珠林》與後來卜書有一項大不同就是：納音。今傳本《火珠林》保留殘缺的納音文獻，但以後的卜卦書，全都不用了，例如改用簡化的「金錢課」就不用納音。為了敘述方便，本書即據「納音」之有無，將有用到納音的占卜叫「納音古占法」，將沒有用到納音的直稱作「金錢卦占法」，而統稱作《周易》占卜。

1、納音五行與正五行不同

納音五行與正體五行不同，因為納音是根據大衍之數用「九」的原理注重天干五合。而正體五行是根據河圖用「十」，注重在地支。納音是用九的母子法，而河圖卻是用十的方位法。例如納音五行用九的母子法是：

納音五行母子數圖

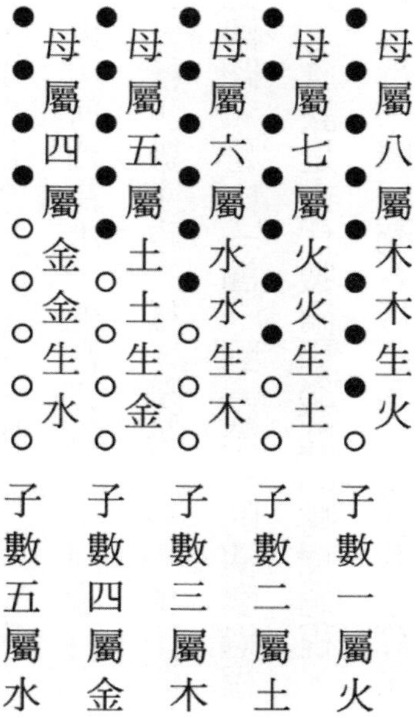

圖中的黑圈代表陽，空白圈代表陰，九個圈由陰陽組合，依次是木生火、火生土、水生木、土生金、金生水：

9	9	9	9	9
金	土	水	火	木
4	5	6	7	8
+	+	+	+	+
5	4	3	2	1
水	金	木	土	火

以上圖表，明顯看到納音是根據《周易》原始經典〈乾〉卦「用九」的易理演變而來，也是大衍之數，虛一不用，其用「49」的延伸發揮。

比較河圖用「＋」的五行方位數，兩者背後的理論基礎，完全不同。例如河圖方位如下：

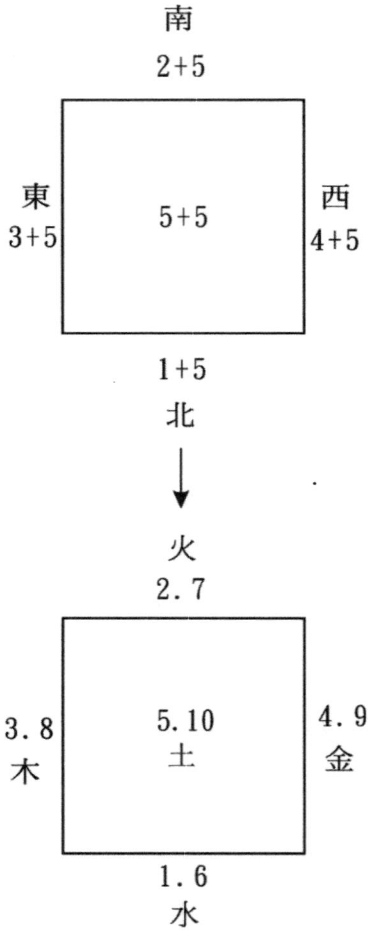

這裡的圖表明顯看出是用「十」為根據安排東南西北中五個方位，再配合１６、２７、３８、４９、５10共五組陰陽與五行之合，規定１６為水為北方，３８為木為東方，２７為火為南方，４９為金為西方，５10為土為中央。如此一來，與納音的五行就有些不同了。納音１為火，河圖為水，納音２為土，河圖為火。納音５為水，河圖為土。只有４金３木兩者五行一樣，數字也一樣。另外還有一項不同是納音只論五行，而河圖兼論方位。所以說納音到河圖，是由「簡」到「繁」的演變過程。因此，納音五行在前，河圖五行在後的歷史軌跡，應該是古代數術學發展的轉變過程。

納音五行，與河圖五行不同，這在八字算命系統中代表先後的命術發展，而算命早期仍然是以納音五行為主導。

根據梁湘潤《命學大辭淵》此書對納音五行的說法，就明白指出「納音五行優先」。梁氏認為八字算命如果遇到算不準，或者大運流年看不出重大巨變時，大部分原因就是沒有用到納音五行。（註1）這句話講明了現在流傳的子平八字算命法，其淵源也是來自納音五行。

追溯唐宋時代五行講的納音，其實有很多是與今本所見不一樣，茲引南宋廖中《五行精紀》此書看到的納音五行是這樣的：

甲子金	為寶物	喜金土旺地
乙丑金	為頑礦	喜水及南方月時
丙寅火	為爐炭	喜冬及木
丁卯火	為爐煙	喜巽地及秋冬
戊辰木	山林山野處不材之木	喜水

註1：八字納音五行以《五行精紀》此書為主，河圖五行以《三命通會》為主。關於梁湘潤的納音五行說法，參見氏著《細批終身詳解》，台北：行卯出版社，二〇二〇年，頁六一三；《流年法典》，台北：行卯出版社，二〇二〇年，頁三六七。

己巳木	山林花草	喜春及秋
庚午土	路旁土塊	喜水及春
辛未土	含萬實待秋成	喜春及秋
壬申金	戈戟大釗	喜子午卯酉
癸酉金	金之椎鹵	喜木及寅卯
甲戌火	火所宿處	喜春及夏
乙亥火	火之熱氣	喜土及夏
丙子水	江湖	喜木及土
丁丑水	水之不流清澈處	喜金及夏
戊寅土	堤阜城郭	喜水及火
己卯土	破城敗堤	喜申酉及火
庚辰金	錫鑞	喜秋及微木
辛巳金	金之生者雜沙石	喜火及秋
壬午木	楊柳幹節	喜春夏
癸未木	楊柳根	喜冬及水亦宜春
甲申水	甘泉	喜春及夏

乙酉水	陰壑水	喜東方及南
丙戌土	堆阜	喜春夏及水
丁亥土	平原	喜火及木
戊子火	雷也	喜水及春夏、得土而神
己丑火	雷也	喜水及春夏、得土而晦
庚寅木	松柏幹節	喜秋冬
辛卯木	松柏之根	喜水土及宜春
壬辰水	龍水	喜雷電及春夏
癸巳水	水之息流入海	喜亥子乃變化
甲午金	百煉精金	喜水木土
乙未金	爐炭餘金	喜大火及土
丙申火	白茅野燒	喜秋冬及木
丁酉火	鬼神之靈鄉、火之無形者	喜辰戌丑未
戊戌木	蒿艾之枯者	喜火及春夏
己亥木	蒿艾之茅	喜水及春夏
庚子土	土之中空者屋宇	喜木及金土

辛丑土	墳墓	喜木及火與春
壬寅金	金之華飾者	喜木及微火
癸卯金	錄鈕鈴鐸	喜盛火及秋
甲辰火	燈也	喜夜及水，惡盡
乙巳火	燈光也	同上，尤喜申酉及秋
丙午水	月輪	喜夜及金水旺也
丁未水	月光也	同上
戊申土	秋間田土	喜申酉及火
己酉木	秋間禾稼	喜申酉及冬
庚戌金	刀劍之餘	喜微火及木
辛亥金	鐘鼎實物	喜木及大土
壬子木	傷水多之木	喜火土及夏
癸丑木	傷水少之木	喜金水及春
甲寅水	雨也	喜夏及火
乙卯水	霧也	喜水及火
丙辰土	堤岸	喜金及木

丁巳土	土之沮如	喜火及西北
戊午火	日輪、夏則人畏；冬則人愛	忌戊子、己丑、甲寅、乙卯
己未火	月光	忌夜亦畏四時
庚辰木	榴花	喜夏不宜秋冬
辛酉木	榴子	喜秋及夏
壬戌水	海	喜春夏及木
癸亥水	百川	喜金土火

（註2）

細看一下，這裡《五行精紀》以十天干分配五行，每一行納音十二種，這跟今本火珠林裝卦納音只有六種，明顯很大不同。舉甲子金箔金為例，今本火珠林是：1白蠟金2金箔金3海中金4釵釧金5劍鋒金6沙中金。《五行精紀》的納音金有十二種：

1寶物金2頑礦金3戈戟金4椎鑿金5錫鑞金6沙石金

7石煉金8爐炭金9裝飾金10鈴鐸金11刀劍金12鐘鼎金（註3）

註2：參見廖中：《五行精紀》，北京：華齡出版社，二〇一〇年，頁九。

經由以上比較，其它五行仿此而推，即可清楚看到唐宋以前的納音比較精細，類別更多。這表明了今本火珠林納音六爻裝卦，是簡化了《五行精紀》的五行每行十二種納音成為只有六種，從而可知，所謂火珠林卜卦，演變到金錢卦占，其方法應該是代代相傳，由繁而簡的演變過程。（註4）

然而明清金錢卦裝卦，六爻只納地支，捨天干，此一大誤也。納音古占法六爻要納干也要納支，更要論十二生旺墓庫始得其真。例如《卜筮正宗》卷八第三問妻占夫病，得同人之離卦曰

離宮三世
同人：火

案：《卜筮正宗》云世爻亥水夫星墓於辰日，夫星隨鬼入墓，凶。此據世爻支亥為水而判。今改據離納己世爻干支己亥納音木，以木生亥，旺卯，絕申，墓未，沒有夫星入墓的問題。可知金錢卦以壬癸水入墓斷卦，納音古法用納干入墓，二者不同。然而若一卦兩水，一為辛亥水，一為乙亥水，則辛墓卯，乙墓戌，金錢卦則一律墓辰，豈可乎？可見金

錢卦只看六爻五行，不看六爻天干，是有問題的裝卦法。而納音古占法六爻干支合看，六爻五行生剋沖合就更精細，納音古占法用納音五行斷六爻的生旺庫也更準確。

註3：納音五行到了清朝道光年間，已經加以簡化，可舉謝綎廬《星命抉古錄》為例，謝氏此書頁五八刊列圖表如下：

海中金	爐中火	大林木	路旁土	劍鋒金
甲子乙丑	丙寅丁卯	戊辰己巳	庚午辛未	壬申癸酉
山頭火	澗下水	城頭土	白蠟金	楊柳木
甲戌乙亥	丙子丁丑	戊寅己卯	庚辰辛巳	壬辰癸未
井泉水	屋上土	霹靂火	松柏木	長流水
甲申乙酉	丙戌丁亥	戊子己丑	庚寅辛卯	壬辰癸巳
沙中金	山下火	平地木	壁上土	金箔金
甲午乙未	丙申丁酉	戊戌己亥	庚子辛丑	壬寅癸卯
覆燈火	天河水	大驛土	釵釧金	桑柘木
甲辰乙巳	丙午丁未	戊申己酉	庚戌辛亥	壬子癸丑
大溪水	沙中土	天上火	石榴木	大海水
甲寅乙卯	丙辰丁巳	戊午己未	庚申辛酉	壬戌癸亥

參見謝綎廬：《星命抉古錄》，台北：新文豐出版社，一九九五年，頁五九。

註4：《五行精紀》其實是唐宋時期的八字命書，不是用來占卦。此書的八字是以「年」為主，再觀月日時胎，跟南宋流傳的子平法稍有不同。子平法是以日為主，配合格局、用神。所以說，八字命學前後也有不同。

２、六十甲子納音今釋

1.甲子乙丑海中金：金氣始生，包藏於旺水之中，沉潛內斂。庚金生於巳，死於子，墓於丑，絕於寅。但是壬水生於申，旺於子。水旺之子，恰是金死之位，故曰海中金。

2.丙寅丁卯爐中火：初生之火，丙火生於寅，浴於卯，皆始火之象。天地為爐，陰陽為炭，此時謂之爐炭之火。

3.戊辰己巳大林木：辰巳為地網，繁茂之木遍植原野，自然成幹，山岳堆疊，聲播九天，陰生萬頃，故曰大林之木。

4.庚午辛未路傍土：路傍之土，浮泛疏鬆，不足以長養生物，蓋火旺於午，衰於未，衰火之土，不及厚載，故曰路傍土。

5.壬申癸酉劍鋒金：劍鋒，乃金之最剛硬堅韌處，白刃凝霜雪，紅光照斗牛，是庚金臨祿於申，生旺於酉之金，猶如劍鋒金。

6.甲戌乙亥山頭火：戌亥為天門，火照天門，散綺舒霞，特別明亮，望去猶如山頭之火。

7.丙子丁丑澗下水：千尋萬壑之水，奔流而下澗，來時水旺，去水已衰，所以是旺而反衰之水，不能成江河。

8. 戊寅己卯城頭土：城牆上的土，是堆疊而成之積土，玉壘金城，有虎踞四維的形勢。
9. 庚辰辛巳白蠟金：金質初形尚未堅利，帶有礦氣之初金。
10. 壬午癸未楊柳木：一般常見凡木，只有萬縷不蠶之絲，千條不針之線而已。
11. 甲申乙酉井泉水：源源不絕之水，氣息而靜。因為金龍生水，庚金臨祿在申，旺在酉正是金生水不斷之時。
12. 丙戌丁亥屋上土：戌亥是天門，丙丁是火，火在天上燒，火能生土，比喻屋上土，而不是屋下土。（註5）
13. 戊子己丑霹靂火：風馳電掣，猶如鐵騎奔馳之火。
14. 庚寅辛卯松柏木：經冬不凋，傲雪凌霜之木。
15. 壬辰癸巳長流水：生生不息，永無枯竭之水。因為壬水墓庫在辰，金生水，庚金始生在巳，金水源源不絕而流入庫。
16. 甲午乙未沙中金：久藏未煉之金，須賴淘沙，加以火烤，始見珠潤方圓。
17. 丙申丁酉山下火：申酉為日入之門，山下火，藏光之火。

註5：很多書都誤作「屋下土」，當正。

18.戊戌己亥平地木：原野平地之木，喜雨露滋潤，忌霜雪凋傷。

19.庚子辛丑壁上土：塗抹牆壁之泥土，壬水旺於子，土見水多為泥。

20.壬寅癸卯金箔金：柔弱之金，庚金絕於寅，胎於卯，猶如繒縭薄金。

21.甲辰乙巳覆燈火：金盞玉台之火，照明大地黑暗之時，辰巳為地戶，所以是覆燈火。

22.丙午丁未天河水：火旺於午，水又絕於午，水火既濟，猶如天降甘霖，沛然之氣，下濟萬物。

23.戊申己酉大驛土：戊己為中央土，申坤同卦，兌酉同宮，為土為澤，土氣所歸，能承載大驛之奔馳。

24.庚戌辛亥釵釧金：金器雖已成形，但只供華飾增輝，柔貴藏體。

25.壬子癸丑桑柘木：桑樹之木，有飼蠶之用，缺刀斧之功。

26.甲寅乙卯大溪水：寅卯居東，水向東流，奔騰大溪，氣出陽明，水流滔滔。

27.丙辰丁巳沙中土：土氣疏散，但丁火旺在巳，丙火冠帶在辰，火旺必能再生土，所以是沙中之土，乃熱氣內藏之土。

28.戊午己未天上火：火旺在午，未支藏乙木，木又生火，火性炎上，氣過陽宮，如離光交輝，所以叫天上火。

29. 庚申辛酉石榴木：七八月之石榴，木氣完結，秋果成實，甲木生於亥，臨寅旺卯，而絕於甲，但是石榴木卻獨立靜肅，反而硬強。

30. 壬戌癸亥大海水：壬水冠帶於戌，旺於子，癸水冠帶於子，旺於亥，陰陽水旺之又旺，非大海水莫屬，水天一線，不泛不涸。

3、借用八字十神六親斷卦

《周易》占卦，人們常說起卦容易，斷卦難。所謂斷卦就是解釋這個卦的吉凶、應期，判斷這個卦的是好是壞。若問斷卦為什麼難？答曰主要難在六爻六親的生剋、刑沖、合會之辨正。而每一卦的六爻用六親代表，是指：父母、兄弟、妻財、子孫、官鬼這六親。這六親再仔細分類，其實有十種，它們的關係很像算八字要講的六親與十神。

因此，《周易》斷卦借用八字對六親與十神生剋的方法，進行分析六爻的生剋關係，極有幫助。像占卦流傳的古籍《何知章》、〈通玄賦〉、〈碎金賦〉、〈天玄賦〉等等一系列的文章，大多類似八字講的正印、比肩、食神、正財、官殺這種六親的生剋辨正，借用來斷卦大有幫助。例如八字的十神相生如下：

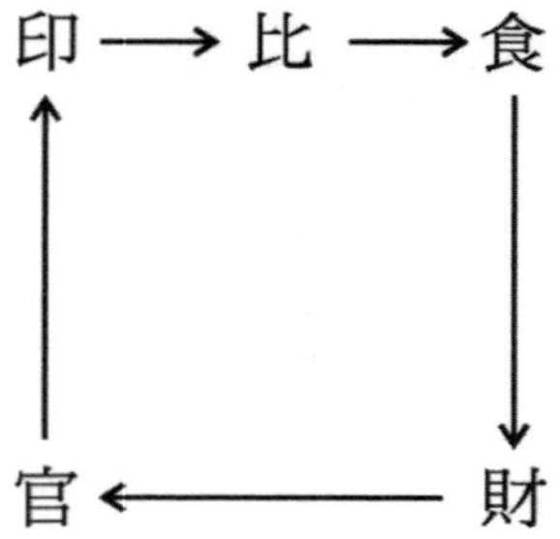

解：印生比，比生食，食生財，財生官。

八字的十神相剋如下：

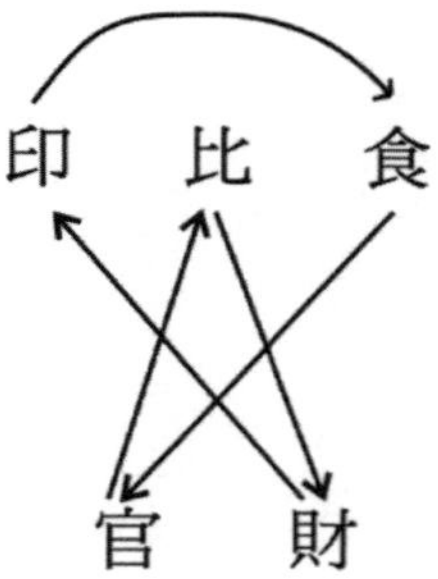

解：印剋食，食剋官，財剋印，官剋比。

將以上十神所代表六親帶入如下：

1.比肩、劫財——不論男女皆作兄弟姐妹。

2.食神、傷官——女命指子女。
3.正官、七殺——女命指丈夫，男命指子女。
4.正印、偏印——不論男女，正印為母親。偏印為養母、義母。
5.正財、偏財——男命以正財為妻，不論男女皆以偏財為父親。

根據這個六親十神代表，配合前述六親的生剋關係，就很容易理解《何知章》這幾則斷卦方法，例如《何知章》說：

1.何知人家父母殃，財爻發動煞神傷。

解：按照八字六親生剋，妻財剋正印，正印代表母親，正財剋正印。

2.何知人家子孫疾，父母爻動來相剋。

解：按照八字六親，食神傷官代表女命子女，正印代表母親，印剋食，所以說父母爻動剋子孫，子孫有疾。

3.何知人家富貴昌，臨財旺福青龍上。

解：富貴指的是有官有錢，即八字的官鬼，而八字的妻財生官鬼，所以財旺的六爻就斷定為富貴。

經由以上分析可見，《周易》斷卦必須根據六爻六親的生剋關係，而六親的生剋完全比照八字講的十神生剋，二者互相參考借用，對斷卦很有幫助。

4、〈碎金賦〉今解：〈碎金賦〉

子動生財。不宜父擺。兄動剋財。子動能解。財動生鬼。切忌兄搖。子動剋鬼。財動能消。父動生兄。忌財相剋。鬼動剋兄。父動能泄。鬼動生父。忌子交重。財動剋父。鬼動能中。兄動生子。忌鬼搖揚。父動剋子，兄動無妨。子與剋鬼，父動無妨。若然兄動，鬼必遭傷。財與剋父。鬼動無憂。（誠案：兄動同論）。若然子動，父命難留。父動剋子，財動無事。若是鬼興。其子必死。鬼與剋兄，子動可救。財若交重。兄弟不久。兄與剋財。鬼與無礙。若是父興。財遭剋害。

解：此篇〈碎金賦〉，教人如何看一卦六爻的六親彼此生剋沖合的關係，做出論斷，也就是斷卦。這裡六親是指父母、兄弟、子孫、妻財、官鬼，配合八字的六親：印、比、食、財、官，類比八字六親生剋論斷吉凶，子動生財，就是八字的食神傷官會生正財，但是八字的正印剋食傷，正印代表父母，所以，斷卦不許父擺，是說父母爻不可動化剋子孫爻。

根據以上的理解，八字的六親相剋是：官剋比、比剋財、財剋印、印剋食。八字的六親相生是：印生比、比生食、食生財、財生官、官生印。將以上的八字六親生剋套用在〈碎金賦〉講的斷卦方法，就很容易清楚明白。下面〈天玄賦〉、〈通玄賦〉這兩篇也是用類似八字六親這種斷卦方法，錄於此，以供參讀。

5、〈天玄賦〉

若人問卜，必因動靜吉凶。學者推占，要識淺深高下。秘旨雖傳于人口，奧妙實出乎天然。事有萬殊，理無二致。須識靜中有動，當明吉處藏凶。靜者動之機，吉者凶之本。如逢暗動，專尋暗動及空亡。若見爻交，便識吉凶分造化。諸爻并吉，更防吉處藏凶。大象皆凶，須識凶中有吉。若逢亂動，先察用爻。用爻有彼我之分，得失從衰旺而決。交爻上下，吉凶全係日辰。一卦中間，主宰莫外乎世應。細察生旺墓絕，總詳剋害刑沖。吉凶由此而生，禍福由茲而定。貴人乘祿馬，縱非吉慶也無凶。天喜會青龍，雖遇悲哀終有喜。白虎動，本無佳況，惟孕育，反作吉神。子孫興，總曰禎祥，問名利，偏為惡客。官鬼不宜持世，求名婚娶兩相宜。妻財最喜扶身，父母文書偏畏懼。玄武陰私兼失脫，騰蛇怪異及虛驚。朱雀本主官非，仕宦當生喜樂。勾陳職專田土，行人終見遲留。

6、〈通玄賦〉

易爻不妄成。神爻豈亂發。體象或已成。無者形憂色。始須論用神。次必看原神。三合會用吉。祿馬最為良。爻動始為定。次者論空亡。六沖主沖併。刑剋俱主傷。世應俱發動。必然有改張。龍動主有喜。虎動主有喪。勾陳朱雀動。田土與文章。財動憂尊長。父動損兒郎。子動男人滯。兄動婦人殃。出行宜世動。歸魂不出疆。用動值三合。行人立回莊。占宅財龍旺。豪富冠一鄉。父母爻興旺。為官至侯王。福神若持世。官訟定無妨。勾陳剋玄武。捕賊不須忙。父病嫌財殺。財與母不長。無鬼病難療。有鬼主發狂。請看考鬼歷。禱謝得安康。占婚兼剋用。占財看陰陽。若要問風水。三四世吉昌。長生墓絕訣。卦卦要審詳。萬千言不盡。略舉其大綱。分別各有類。無物不包藏。

7、〈六親發動訣〉

《卜筮正宗》講的六親生剋，如同八字的十神生剋。另外還有〈六親發動訣〉與〈六親變化歌〉也同樣是應用八字的十神生剋，其關係如同前面講的八字十神六親。〈六親發動訣〉云：

父動當頭剋子孫，病人無藥主昏沉，姻親子息應難得，買賣勞心利不存，觀望行人書信動，論官下狀理先分，士人科舉登金榜，失物逃亡要訴論。子孫發動傷官鬼，占病求醫身便痊，行人買賣身康泰，婚姻喜美是前緣，產婦當生子易養，詞訟私和不到官，謁貴求名休進用，勸君守分聽乎天。官鬼從來剋兄弟，婚姻未就生疑滯，病困門庭禍祟來，耕種蠶桑皆不利，出外逃亡定見災，詞訟官非有囚繫，買賣財輕賭博輸，失脫難尋多暗昧。財爻發動剋文書，應舉求名總是虛，將本經營為大吉，親姻如意藥無虞，行人在外身將動，產婦求財身脫除，失物靜安家未出，病人傷胃更傷脾。兄弟交重剋了財，病人離愈未難災，應舉奪標為忌客，官非陰賊耗錢財，若帶吉神為有助，出路行人便未來，貨物經商消折本，買婢求妻事不諧。

8、〈六親變化歌〉

〈六親變化歌〉云：

父母化父母，進神文書許，化子不傷丁，化鬼官遷舉，化財宅長憂，兄弟為泄氣。子孫化退神，人財不稱情，化父田蠶敗，化財加倍榮，化鬼憂生產，兄弟謂相生。官化進神祿，求官應疾連，化財占病凶，化父父書遂，化子必傷官，化兄家不睡。妻財化進神，錢財入宅來，化官憂戚戚，化子笑哈哈。化父宜家長，化兄當破財。兄弟化退神，凡占無所忌，化父妾奴驚，化財財未遂，化官弟有災，化子卻如意。

9、世應安裝兩方法

安裝六十四卦每卦的世爻應爻，謂之「安世應」，這是火珠林卦最重要的一招入門訣竅。因為，京房八宮卦，每一宮下包含八個卦，除了八經卦上下卦一樣，很容易辨識，但是其它六宮，上下六爻多少不同，要到各宮的第七個卦，上下卦一樣，才能看出它是歸屬於那一個本宮，而六十四卦每卦的「世爻」所在的那一爻就是歸本宮的那一爻，與世爻相隔兩爻的就是「應爻」。世代表主，而應就是代表客，主客相應，暗示占卜的所有事物的對應關係。

占卦要先求出每卦的世應，才能知道每卦的本宮，以及本宮的五行，再由本宮本行與六爻各爻的五行生剋，定出每一爻的六親六神，如此才能走下一步進行斷卦。所以，安世應是卜卦最重要的基礎學問。

以前古人要安世應的方法有二種捷徑，其一是背誦〈安世應歌訣〉，其二是手動一爻一爻變。先看第一種，〈安世應歌訣〉：

天同二世天變五

地同四世地變初

人同遊魂世變歸

本宮六世三世異

此口訣初讀很難懂，今解如下：首先，須知六十四卦每一卦由上下卦組成，每卦有三爻，用天、地、人劃分：

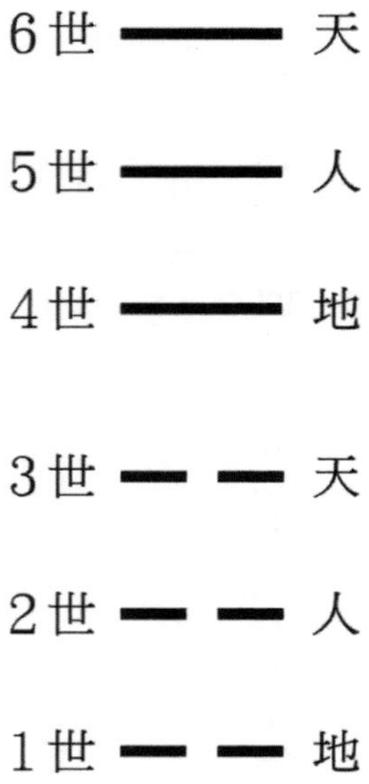

每一卦爻由下往上，謂一世二世三世四世五世六世，上下卦的天地人關係是１４地爻、２５人爻、３６天爻的對等關係。當１４爻同是陰爻或陽爻謂之「同」，反之，一與４爻是陰陽不同，謂之「變」，或「異」，也就是「不同」陰陽的意思。

因此，理解此首歌訣的三要件是：同與不同、天地人所在的爻位，還有上下卦１４、２５、３６爻的對應關係。

根據這個理解，將此首歌訣翻譯如下就是說：一個卦的１４、２５、３６三組對應，取最少的一組，看看這一組的爻位陰陽是一樣的，就是「同」，陰陽不一樣的爻位就是「不同」(異)。

若是天位同樣，世爻在二爻，天位不同，世爻在五爻。地位同樣世爻在四爻，不同世爻在一爻。人位同樣世爻在遊魂第四爻，人位陰陽不同的話，世爻在歸魂第三爻。

最後，若是上下各爻一樣，世爻在六。上下各爻都不一樣，世爻在三。

以上是〈安世應歌訣〉的現代解釋。但這個歌訣沒有說到如何歸本宮。現在，補充說明如下：

首先將以上求出來的世爻分做三組：

第一組：一世、二世、三世、六世，凡是這四爻的本宮都看上卦。

第二組：四世、五世，凡是這二爻的本宮都看下卦的本卦之錯卦，注意，即下卦三爻都要變，陽變陰，陰變陽，再看變出來的是八卦那一卦，這一卦即本宮。

第三組：遊魂四世同第二組看下卦的錯卦，歸魂三世也是看下卦，但不必用錯卦。

現在舉三例說明如下：

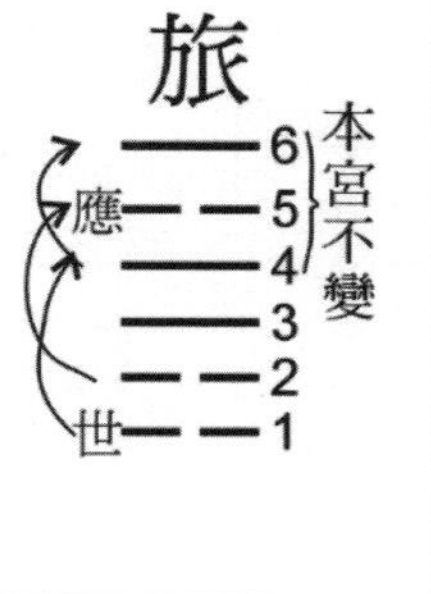

先看14不同，25同，36同，取較少的14不同，在地位，地位同4不同1，所以世爻在一爻。再看凡是一世、二世、三世、六世的本宮世爻看上卦，知是離宮一世，旅卦的本宮就是離，旅卦的世在一爻，應在四爻。

大蓄

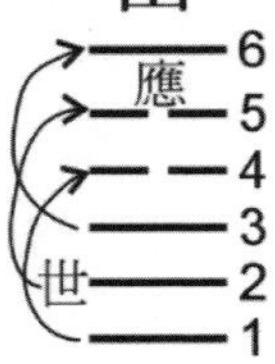

先看14不同，25不同，36同，取較少的36同在天位，天位的同是2爻不同是5爻，所以，世爻在2爻。凡是一世、二世、三世、六世的本宮看上卦即震卦，所以大蓄的本宮是震宮二世卦，世爻在2，應爻在5。

頤

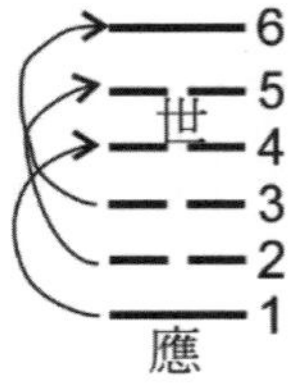

先看14不同，25同，36不同，取較少的同25，在人位，人位的同是遊魂卦，遊魂的世爻在第4爻，用第2組規則，凡4爻、5爻、遊魂4爻，看下卦的錯卦，下卦☳的錯卦是☴巽。所以，頤卦是巽宮的遊魂卦，世爻在第4爻，應爻在第1爻。

以上是第一種求每卦世應的方法，今再舉第二種方法，謂之手動求世應法，必須由下卦第一爻往上變，變至第五爻，不可再上，須往下變第4爻叫遊魂，再將下卦三爻全變，即歸魂。在一步一步變的過程之中，凡是所到之爻看到上下卦全同，該處的爻位就是世爻，間隔二爻的爻位就是應爻。再看上下卦相同是何卦，這個卦就是本宮。

今將前述旅、大蓄、頤三例改用手動變爻求世應的方法演示如下：

例①☲☶旅：一變☲☲①由下卦第一爻往上依次變，陽變陰，陰變陽，第一爻變即看到上下卦相同是離卦，表明旅卦本宮是離，世爻在初爻，應爻在四爻。

例②大蓄☳☰：一變☳☴①→二變☳☳②到第二爻變已看到上下卦一樣是震卦，表明大蓄卦的本宮是震，世爻在第二爻。

例③☶☳頤：一變☶☷①→二變☶☵②→三變☶☴③→四變☲☴④→五變☰☴到第五變即巽卦，所以，頤卦是巽卦的遊魂卦，世爻在第4爻，應爻在第一爻，頤卦的本宮是巽卦。

10、〈求世應六句訣〉

現在，總結以上求世應方法，自編口訣如下：

一、世應定爻訣

天二五，地四一

人遊歸，本六三

遊四歸三

二、世應歸本宮口訣

一二三六看上不變

四五遊四看下要變

歸三也是看下不變

11、〈諸爻持世訣〉

求得世爻後，實際應用是在六親用神，六親是指父母、兄弟、子孫、官鬼、妻財，這六親分別用在各種占卦事物，當某一親是占卜某一類事物之主，此一親就是用神。例如占升官發財，用神是妻財，占兒女吉凶，用神就是子孫，占雷電用神是官鬼，占風災用神是兄弟等等，都是六親用神。

但是，用神若與世應相結合，占卜的結果又會有新變化。例如：子孫持世主憂煩，官鬼持世主病苦，兄弟持世主爭執、是非，父親持世主事業、工作等等，都是六親用神配合世爻的輔助所得出的斷卦結果。

為此，《卜筮正宗》此書在「啟蒙節要」此節特別安排了一篇〈諸爻持世〉口訣，最便初學，今轉錄如下：

世爻旺相最為強，作事亨通大吉昌；謀望諸般皆遂意，用神生合妙難量。旬空月破達非吉，剋害刑沖遇不良；父母持世主身勞，求嗣妾眾也難招。官動財旺宜赴試，財搖謀利莫心焦；占身財動無賢婦，又恐區區壽不高。子身持世事無憂，求名切忌坐當頭；避亂許安失可得，官訟從今了便休。有生無剋諸般吉，有剋無生反見愁。鬼爻持世事難安，占身不病也遭官；財物時時憂失脫，功名最喜世當權，入墓愁疑無散日，逢沖轉禍變成歡。財爻持世益財榮，兄若交重不可逢；更遇子孫明暗動，利身剋父喪文風。求官問訟宜財托，動變兄官萬事凶。兄弟持世莫求財，官興須慮禍將來；朱雀并臨防口舌，如搖必定損妻財。父母相生身有壽，化官化鬼有奇災。

12、八卦驗證象徵

八經卦每一卦在人倫、事類、動植物等三方面都有每一卦相對應的象徵載體，這些象徵最早出現在《周易》〈說卦傳〉。後來在堪輿風水、卜卦算命等五術範疇，又加以引申擴充，已經超出原始〈說卦傳〉的內涵很多。（註6）

例如先看〈說卦傳〉最早八卦事物象徵說：

註6：參見游志誠：《易經原本原解》，高雄：麗文文化，二〇一六年，頁一五八。

乾：馬、首、父。

兌：羊、口、少女。

離：雉、目、中女。

震：龍、足、長男。

巽：雞、股、長女。

坎：矢、耳、中男。

艮：狗、手、少女。

坤：牛、腹、母。

到了現當代社會，變化太快，新出現象繁多，原始的素樸的八卦象徵已遠遠超過舊有的比喻，端賴占卜者把握八卦的基本原則與五行特性，例如乾為金，兌為金，離為火，震為雷，巽為木，坎為水，艮為山，坤為地，可將其五行特性應用在現代事物，進行聯想，提供自己斷卦的知識基礎。茲綜合各家說法，舉例如下：

乾：父、家長、長官、馬、石、玉、動、首、天、金。

兌：少女、藥師、口、舌、肺、喉、澤、金、兵器。

離：中女、火、雉、目、心、小腸、電器。

震：長男、龍、足、腿、肝、雷、棟樑、機車。

巽：長女、文人、卜人、風、雞、股、床、繩。

坎：中男、盜、豕、水、血、耳、腎臟、危險。

艮：少男、山、狗、手、筋脈、脊背、石、小徑、玄關。

坤：母、女性、牛、腹、胃、大地、靜、黃裳、墳墓。

13、用神分類

占卜裝卦後，要進行斷卦，斷卦要根據所問之事，歸類六親屬於何類？再根據它決定用神。

然而占問之事，五花八門，現代事務尤其煩瑣，但大抵可依父母、兄弟、子孫、妻財、官鬼五大類分之。舉例如下：

1. 父母爻用神：凡是占問生我、護我，可以讓自己得到庇佑、安全、助力的人事物，以父母爻為用神。例如：父母、長輩、長官、父母同輩之人、舟車、雨具、文書、學校、衣服等。

2. 子孫爻用神：凡是由我而出生、引申、源流、我能資助、影響的人事物，以子孫為用神。例如：兒女、孫輩、門生、六畜、寵物、醫藥、技藝、快樂憂愁等。

3.兄弟爻用神：凡是與我平等、同輩、兄弟、姊妹、朋友、競爭、及同等相關之人事物，以兄弟爻為用神。

4.妻財爻用神：凡是我想要擁有、能控制、想求得到的東西，包括想得到的人事物等，以妻財為用神。例如：妻子、男女朋友、錢財、房地產、珠寶、天晴、好東西等。

5.官鬼爻用神：做官必然要受制於官場規定，表面雖得到功名利祿，卻是無形中被人操控，所謂人在江湖，身不由己。所以官鬼並稱，引申做凡是控制我、威脅我、對我有危險之人事物，就以官鬼為用神。例如：功名、選舉、軍隊、戰爭、災禍、疾病、鬼神、雷電、盜賊、丈夫、顧客等。

6.世爻為用神：凡是主觀立場，以我為主之人事物，以世爻為用神。

7.應爻為用神：凡是客觀立場，與我相對應的另一方之人事物，以應爻為用神。

14、應期

所謂應期，就是指占卜後預知會產生的結果，特別是指應驗會發生的時間，叫做應期。判斷應期最常用的六法是：

一、根據世爻斷發生日期

1.世爻逢空，生世爻的原神動而被世爻剋，剋日即發生日期。例如世爻甲辰，原神動在亥日，辰土剋亥水，亥日即應期。

2.世爻衰，生世爻的原神是靜而不動，原神遇六沖日即應期，例如世爻甲申不動，原神丙寅逢沖，寅日就是應期。

二、根據獨發獨靜之爻斷發生日期

1.獨發，即指全卦只有一爻是動爻，動必有變，所以，這一爻往往是應期關鍵。須多方面查看，動爻與月、日三合，即應期，動爻逢沖之日即應期，動爻入墓之日即應期，動爻六合之日即應期，動爻進神日、退神日即應期。

2.獨靜，即指全卦動，只有一爻靜，凡孤陰孤陽必戰。所以，這一爻也是應期關鍵。逢沖之日即應期，受剋之日即應期，助扶之神居何日即應期。

三、根據旬空斷應期：

1.填空：用神之爻值空，填實之日即應期。

2.沖空：用神之爻值空，沖空之日即應期。

四、根據墓庫爻斷應期：

1. 用神爻入墓，百事皆休，須待沖開墓庫之日，此日即應期。

2. 墓即指十二生旺庫的墓庫。木墓於未，火墓於戌，土墓於同火，金墓於丑，水墓於辰，要看占卜當天的日辰。

五、根據旺相休囚斷應期：

1. 用神爻太旺，逢墓逢沖即應期。

2. 用神爻太衰太絕，逢生遇旺即應期，要看月令。

六、根據六合六沖斷應期：

1. 六合卦遇六沖，沖之月日即應期。

2. 六沖卦遇六合，合之月日即應期。

3. 月破日破逢六合，合之月日即應期。

4. 月日六合逢六沖，沖之月日即應期。

15、祈禱詞

占卜起卦之前，要先作祈禱，保持平心靜氣，正襟危坐，恭敬虔誠，坐北朝南，雙手合十，然後默唸祈禱辭，象徵請神之意。

祈禱辭如下文：

維，時良吉日，天地開昌，奉請四聖：伏犧、文王、周公、孔子。

今有弟子信女（依占卜者身份自定）〇〇〇，遇事稽疑，請詳。

（三拜後起卦）

16、五行生剋相配表

五行與人、事、物相配合，產生相生相剋的聯鎖因素關係，應用在五術實務各方面，非常廣泛，也是五術師要具備的基礎知識。現在，將最常用的幾項編排成一張表，方便時時查看選用。

五脈	弦	洪	緩	浮	沉
五時	春	夏	長夏	秋	冬
五色	青	赤	黃	白	黑
五臟	肝	心	脾	肺	腎
五官	目	舌	脣	鼻	耳
五部	左頰	額	鼻	右頰	頦下
五合	筋	脈	肉	毛	骨
五行	木	火	土	金	水
五音	角	徵	宮	商	羽
五聲	呼	笑	歌	哭	呻
五味	酸	苦	甘	辛	鹹
五志	怒	喜	思	悲	恐
五液	泣	汗	涎	涕	唾
五主	目	舌	口	鼻	耳
五臭	臊	焦	香	腥	腐
五氣	風	暑	濕	燥	寒
所藏	魂	神	意	魄	志

二、五術基礎與掌訣

六十甲子，可說是五術基礎中的基礎，舉凡擇日、八字、火珠林、風水萬年掌、年格判定吉凶等等都會用到，以前俗師都教人要死背，否則要學習五術，就很難登堂入室。

其實，六十甲子可以善用掌訣幫助記憶。首先，第一步只要先將手掌十二指節，將天干定位，再將地支定位，按照逆時針方向運行，一陽干配一陽支，一陰干配一陰支，兩兩一組，逆時針算去，依次遞減，由甲子乙丑開始，次甲戌乙亥，次甲申乙酉，次甲午乙未，次甲辰乙巳，最後甲寅乙卯，一共六次完成一甲子六十干支，再從甲子乙丑算起第二輪，如此周而復始，非常清楚。

但關鍵在一開始要先定位好天干地支，可惜目前可見到的兩種掌訣書，天干位置就定錯了。（註7）

十天干掌訣

現在，重新把左手掌共十二指節的天干與地支定位如下：

1、十天干定位

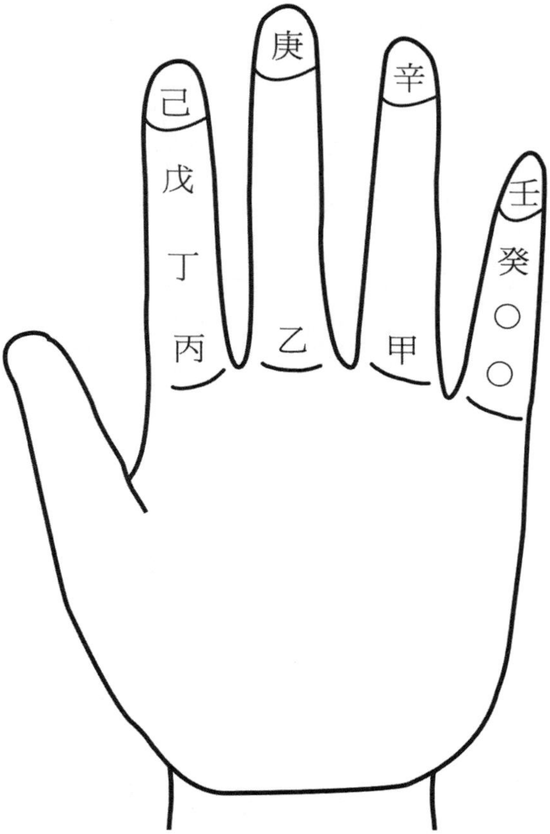

註7：例如張名成《學術堪輿實用掌訣》，地支從子丑寅開始，但是甲卻從寅定位。林啟揚《手掌訣》，地支掌訣從子丑寅……，但是天干地支掌訣可能亂掉。參見張名成：《學術堪輿實用掌訣》，台中：如意堂書店，二〇一二年，頁一。林啟揚：《手掌訣》，台中：華成書局，二〇〇〇年，頁三。

2、十天干順逆掌訣

陽天干順行：甲丙戊庚壬

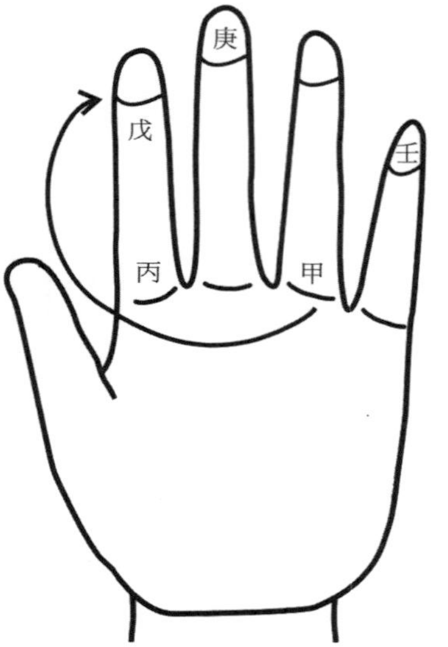

陰干順行：乙丁己辛癸

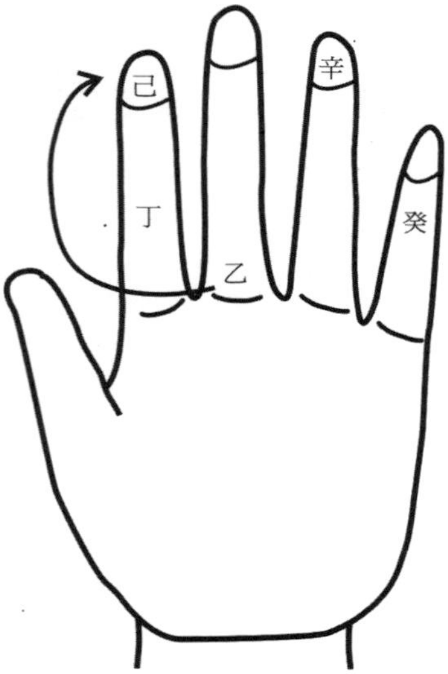

陽干逆行：壬庚戊丙甲

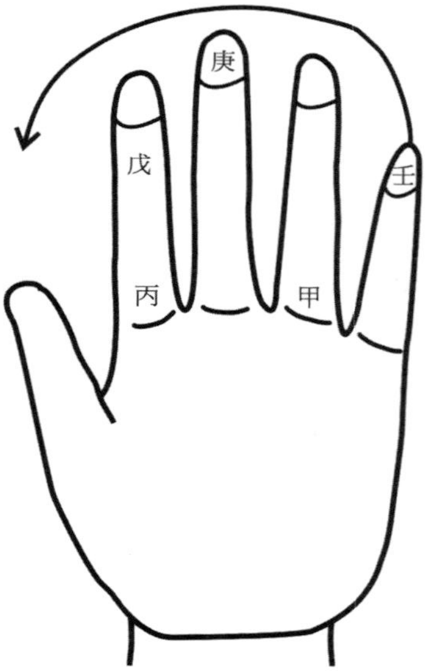

陰干逆行：癸辛己丁乙

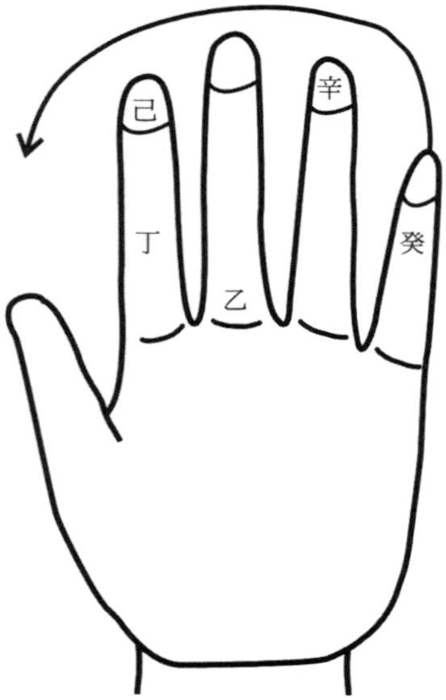

3、十二地支定位掌訣（注意：十二地支固定不可移動）

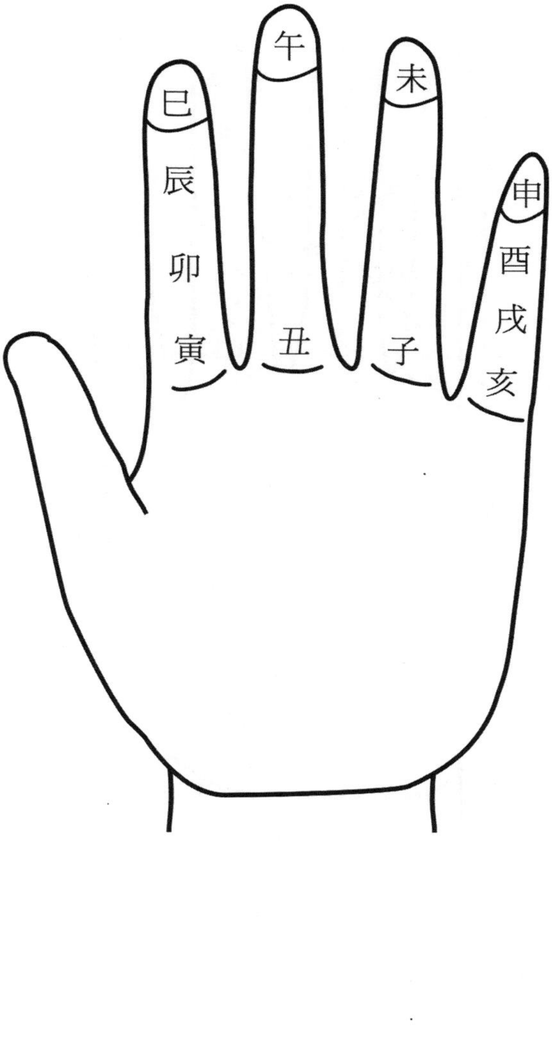

4、十天干相合掌訣

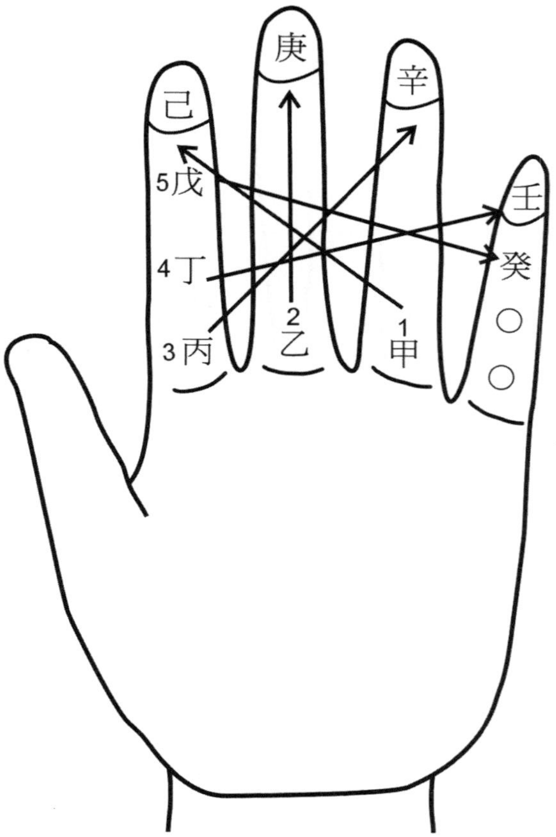

口訣：

1. 甲己丙土甲己甲
2. 乙庚戊金乙庚丙
3. 丙辛庚水丙辛戊
4. 丁壬壬木丁壬庚
5. 戊癸甲火戊癸壬

5、十天干相沖掌訣

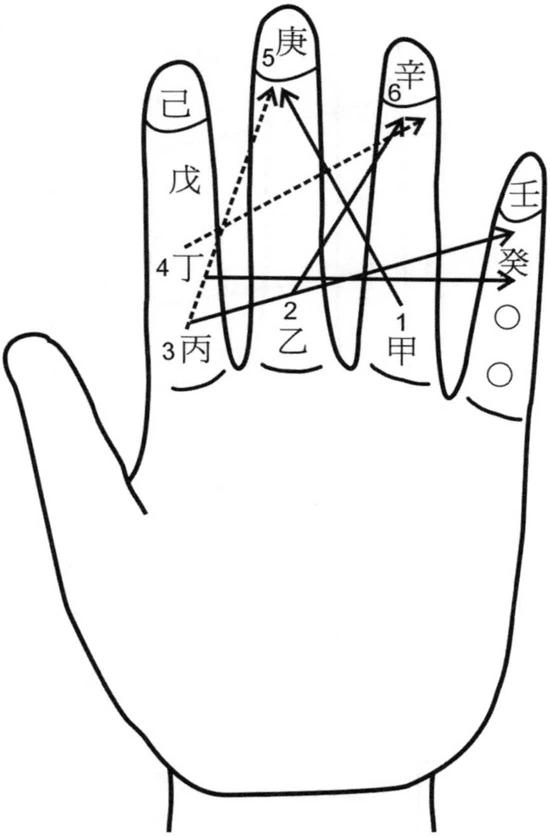

口訣：

1. 甲庚乙辛沖
2. 丙壬丁癸沖
3. 丙庚天兵地兵剋
4. 丁辛剋丁癸沖

6、十二地支相合掌訣

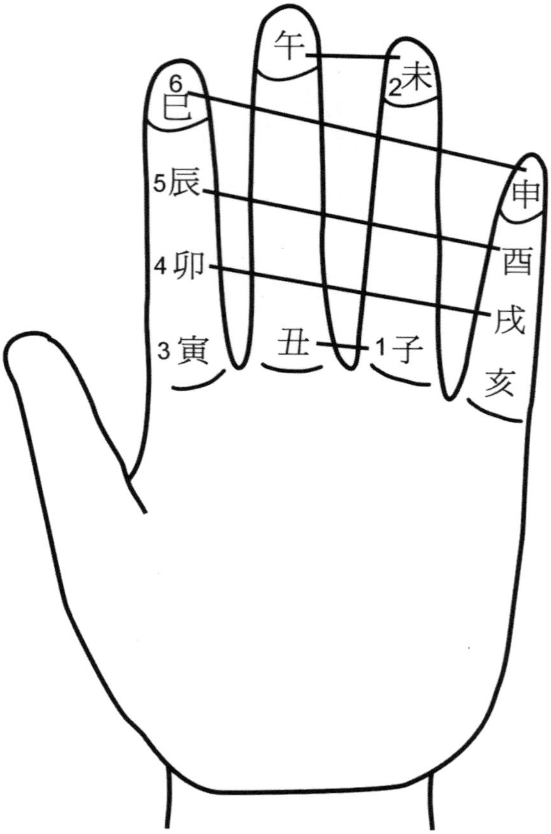

口訣：

1. 子丑土
2. 午未火
3. 寅亥木
4. 卯戌火
5. 辰酉金
6. 巳申水

7、十二地支相沖掌訣

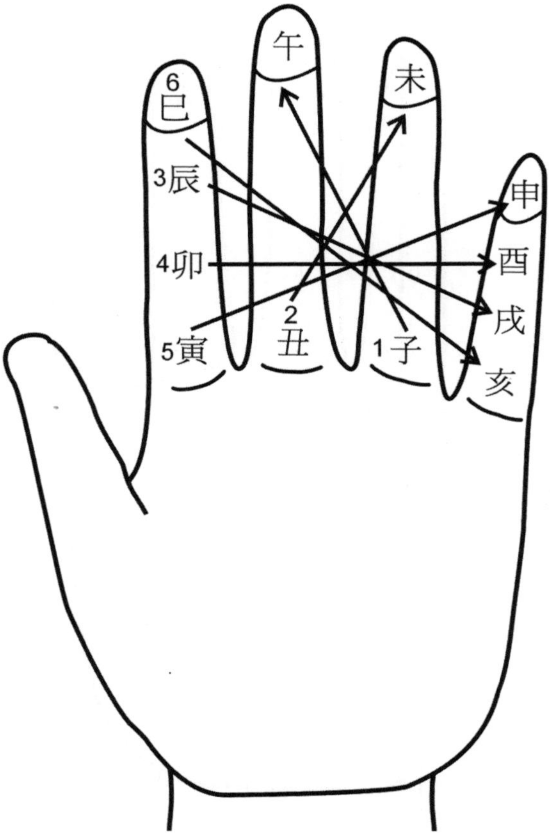

口訣：

1. 子午丑未沖

2. 辰戌卯酉沖

3. 寅申巳亥沖

8、天干地支六十甲子相配掌訣

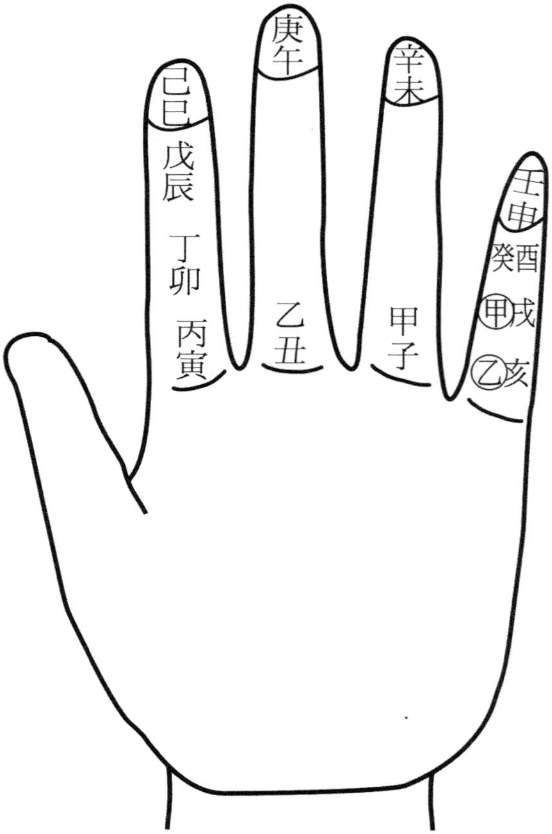

說明：

1. 第一輪六十甲子由甲配子開始，依次順數配下去，十天干配完。
2. 天干空出的兩格，由甲乙重新順數，再配二輪
3. 戌配甲，亥配乙，丙配子，丁配丑……以此類推，配完十天干，剩下的兩地支，再重新由甲、乙、丙、丁……依序相配。
4. 總共配六次結束，即六十甲子。

9、六十甲子干支掌訣

（一）第一輪六十甲子空戌亥兩支，所以第二輪甲子就從戌亥排起。

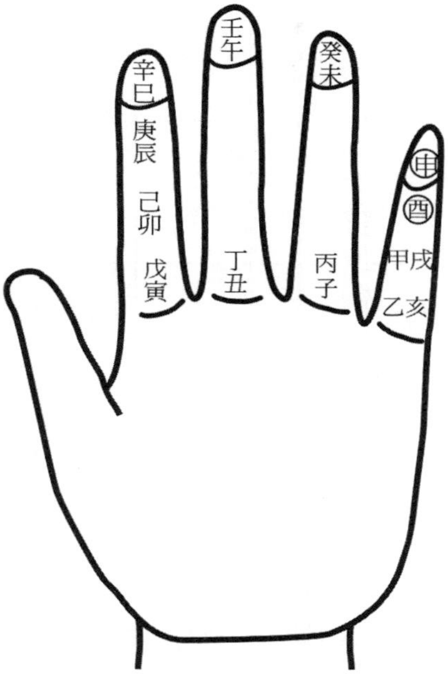

（三）第四輪從甲午、乙未排起。

（五）最後第六輪從甲寅乙卯排起。

（二）第三輪六十甲子空申酉兩支，所以第三輪甲子就從甲申乙酉排起。

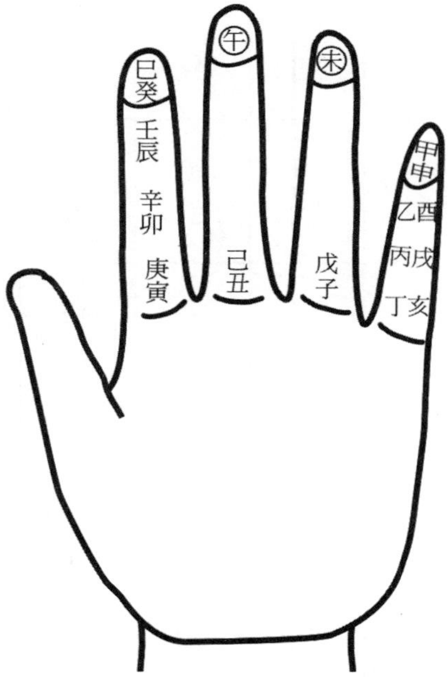

（四）第五輪從甲辰乙巳排起。

（六）以上全部六十甲子天干，都是逆時針依序遞減。

10、六十甲子表

甲子	甲戌	甲申	甲午	甲辰	甲寅
乙丑	乙亥	乙酉	乙未	乙巳	乙卯
丙寅	丙子	丙戌	丙申	丙午	丙辰
丁卯	丁丑	丁亥	丁酉	丁未	丁巳
戊辰	戊寅	戊子	戊戌	戊申	戊午
己巳	己卯	己丑	己亥	己酉	己未
庚午	庚辰	庚寅	庚子	庚戌	庚申
辛未	辛巳	辛卯	辛丑	辛亥	辛酉
壬申	壬午	壬辰	壬寅	壬子	壬戌
癸酉	癸未	癸巳	癸卯	癸丑	癸亥

11、八卦掌訣

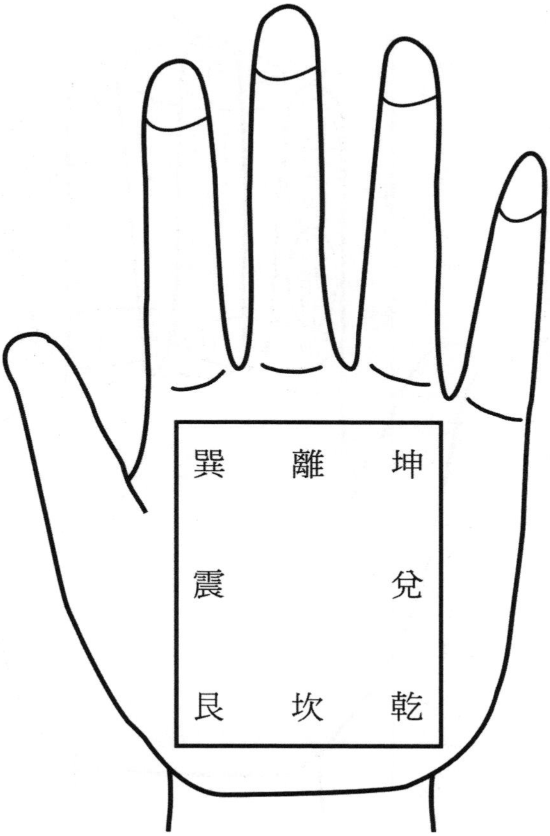

12、八卦配十二地支二十四山手掌訣

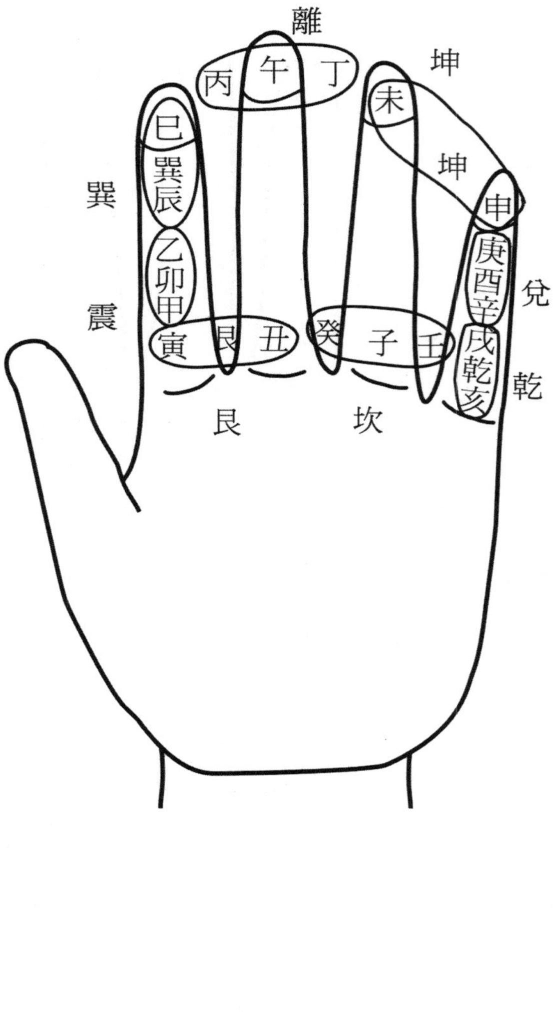

13、六十甲子納音掌訣

六十甲子納音，繁多複雜，不易背誦，但是若用手掌訣，一則可以很快求出六十甲子的納音五行，二則更可以很快得出這個五行的六種類別，例如：

木：大林木、松柏木、桑柘木、平地木、石榴木、楊柳木。
火：覆燈火、爐中火、霹靂火、山頭火、山下火、天上火。
土：沙中土、城頭土、壁上土、屋上土、大驛土、路旁土。
金：白蠟金、金箔金、海中金、釵釧金、劍鋒金、沙中金。
水：長流水、大溪水、澗下水、大海水、井泉水、天河水。
這是六十甲子納音的五行，至於六十甲子的干支如下：
木：戊辰、己巳、庚寅、辛卯、壬子、癸丑、戊戌、己亥、庚申、辛酉、壬午、癸亥。
火：甲辰、乙巳、丙寅、丁卯、戊子、己丑、甲戌、乙亥、丙申、丁酉、戊午、己未。
土：丙辰、丁巳、戊寅、己卯、庚子、辛丑、丙戌、丁亥、戊申、己酉、庚午、辛未。
金：庚辰、辛巳、壬寅、癸卯、甲子、乙丑、庚戌、辛亥、壬申、癸酉、甲午、乙未。
水：壬辰、癸巳、甲寅、乙卯、丙子、丁丑、壬戌、癸亥、甲申、乙酉、丙午、丁未。

六十甲子納音將它按照火、土、木、金、水重新加以重排，自有它一定的循環規則。即是：

1. 天干地支起自戊辰己巳，終於壬午癸未。
2. 五行與十干相配是甲乙火，丙丁土，戊己木，庚辛金，壬癸水。
3. 此與正五行天干的配法不同，正五行是：甲乙木，丙丁火，戊己土，庚辛金，壬癸水。
4. 納音五行最特別之處，即是土不必寄存在火，也不必寄存在水，這與金錢卦五行不同。金錢卦占五行只有金木水火四行，土配屬於火，或水。

現在，按照納音五行與天干地支的相配劃掌圖如下：

火：

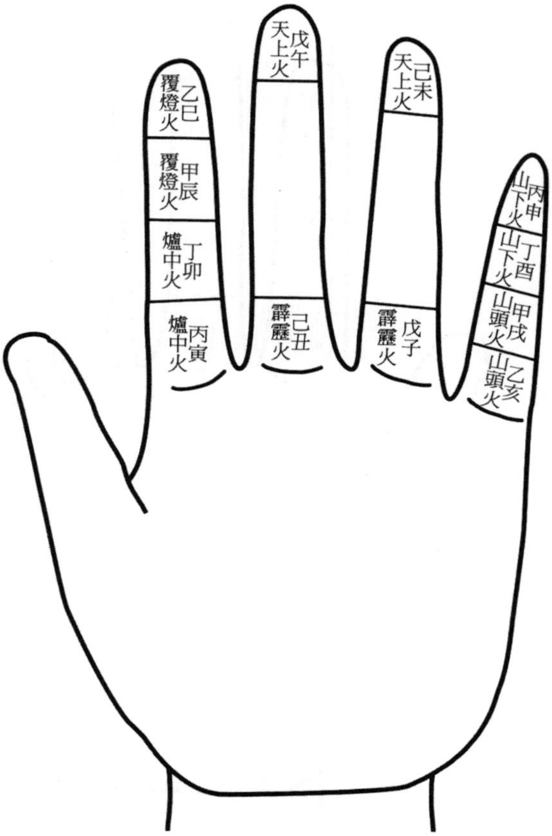

戊午天上火
己未天上火
乙巳覆燈火
甲辰覆燈火
丁卯爐中火
丙寅爐中火
己丑霹靂火
戊子霹靂火
丙申山下火
丁酉山下火
甲戌山頭火
乙亥山頭火

土：

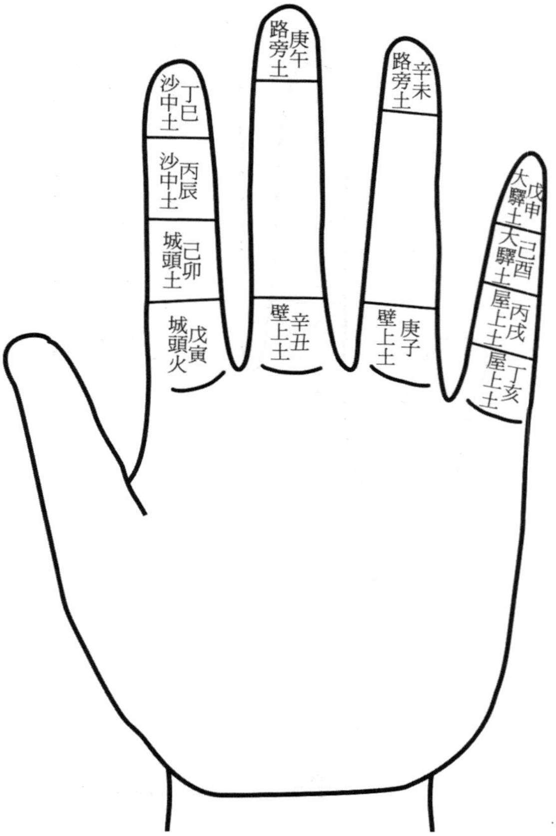
丁巳 沙中土
丙辰 沙中土
己卯 城頭土
戊寅 城頭火
庚午 路旁土
辛丑 壁上土
辛未 路旁土
庚子 壁上土
戊申 大驛土
己酉 大驛土
丙戌 屋上土
丁亥 屋上土

木：

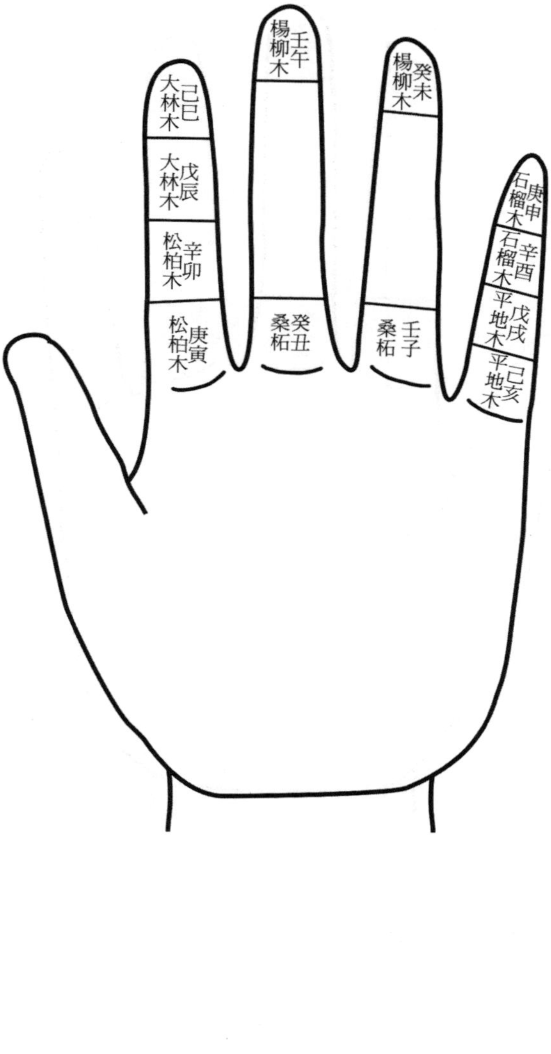
壬午
楊柳木
癸未
楊柳木
己巳
大林木
戊辰
大林木
辛卯
松柏木
庚寅
松柏木
癸丑
桑柘
壬子
桑柘
庚申
石榴木
辛酉
石榴木
戊戌
平地木
己亥
平地木

金：

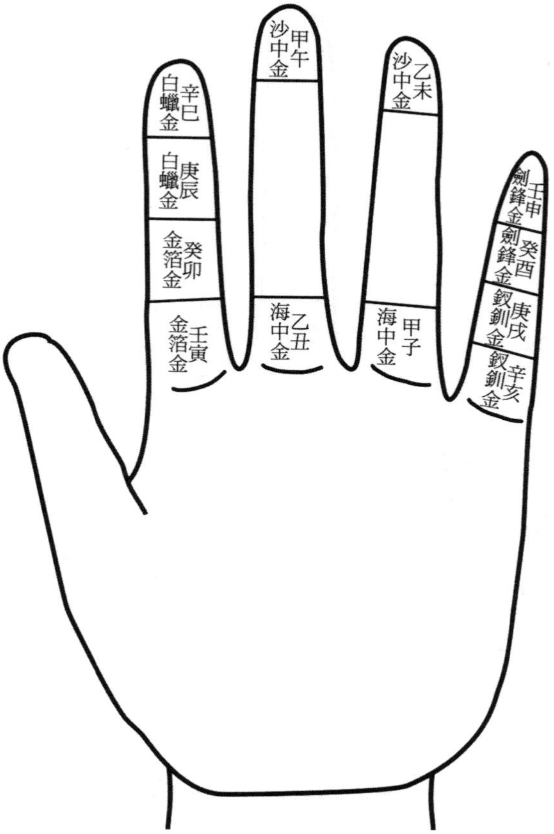
甲午
沙中金
乙未
沙中金
辛巳
白蠟金
庚辰
白蠟金
癸卯
金箔金
壬寅
金箔金
乙丑
海中金
甲子
海中金
壬申
劍鋒金
癸酉
劍鋒金
庚戌
釵釧金
辛亥
釵釧金

水：

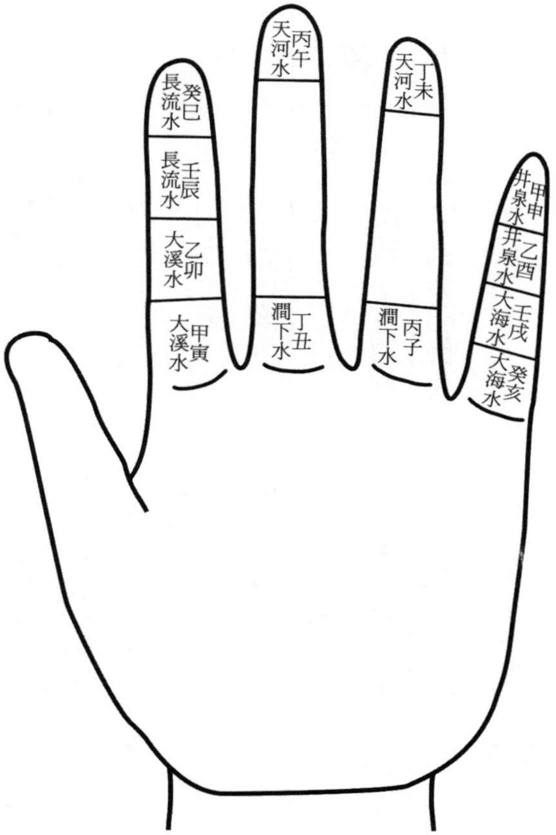
癸巳
長流水
壬辰
長流水
乙卯
大溪水
甲寅
大溪水
丙午
天河水
丁丑
澗下水
丁未
天河水
丙子
澗下水
甲申
井泉水
乙酉
井泉水
壬戌
大海水
癸亥
大海水

14、重排六十甲子五行納音

火	土	木	金	水
（一）甲辰乙巳覆燈火　丙寅丁卯爐中火　戊子己丑霹靂火 甲戌乙亥山頭火　丙申丁酉山下火　戊午己未天上火	（二）丙辰丁巳沙中土　戊寅己卯城頭土　庚子辛丑壁上土 丙戌丁亥屋上土　戊申己酉大驛土　庚午辛未路旁土	（三）戊辰己巳大林木　庚寅辛卯松柏木　壬子癸丑桑柘木 戊戌己亥平地木　庚申辛酉石榴木　壬午癸未楊柳木	（四）庚辰辛巳白蠟金　壬寅癸卯金箔金　甲子乙丑海中金 庚戌辛亥釵釧金　壬申癸酉劍鋒金　甲午乙未沙中金	（五）壬辰癸巳長流水　甲寅乙卯大溪水　丙子丁丑澗下水 壬戌癸亥大海水　甲申乙酉井泉水　丙午丁未天河水

15、二十四節氣掌訣

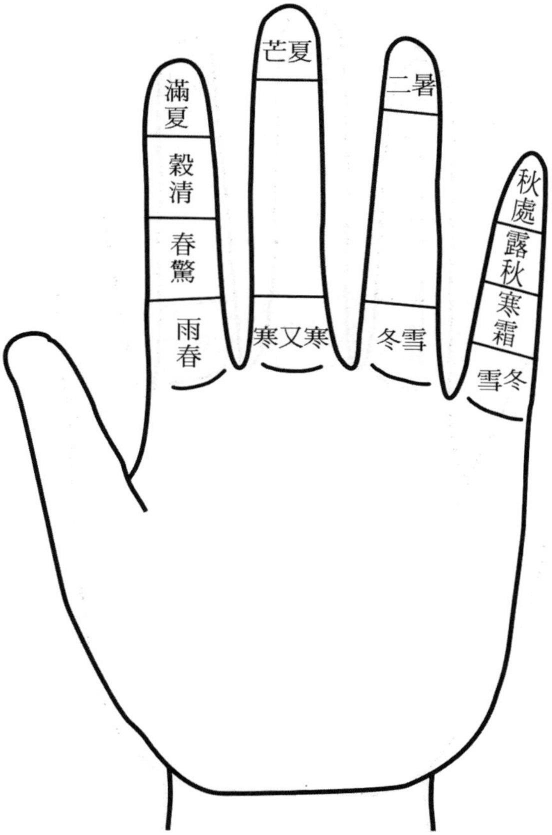

16、二十八星宿掌訣

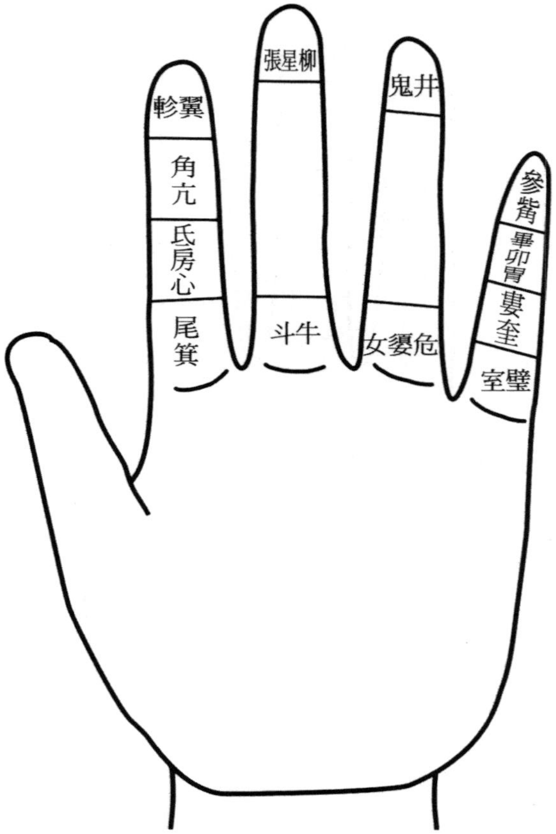

三、神煞掌訣

1、概述

五術必講神煞剋應，神煞有的是吉，有的是凶；有些是常用，有些只是備參。神煞也很多，一般古法都教人死背，其實很難記憶。如果改用掌訣，知道天干地支在手掌的位置，配合尋找神煞的位置，就大大有助於理解。茲將五術常用神煞掌訣列述如下：

孤辰、寡宿、元辰、大耗、紅鸞、天喜、紅艷、天德、月德、天醫、天乙貴人、文昌貴人、羊刃、飛刃、將星、華蓋、驛馬、亡神、劫煞、桃花、旬空、天羅地網、十惡、天赦、進神、退神、太陽麒麟、麒麟到宮

孤辰、寡宿：男孤女寡，用八字年支，對應月、日、時三支。掌訣是以春天的寅卯辰，春天的前一位巳是孤，後一位丑是寡。

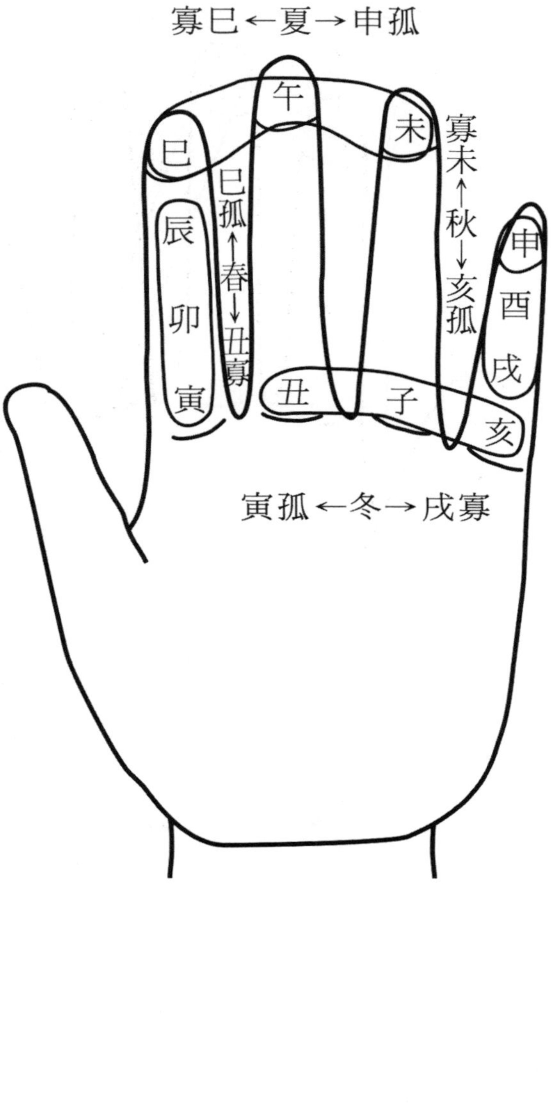

元辰（大耗）：是以每年的太歲年支對六沖，六沖的前一位，是陽男陰女的元辰，六沖的後一位是陰男陽女的元辰。

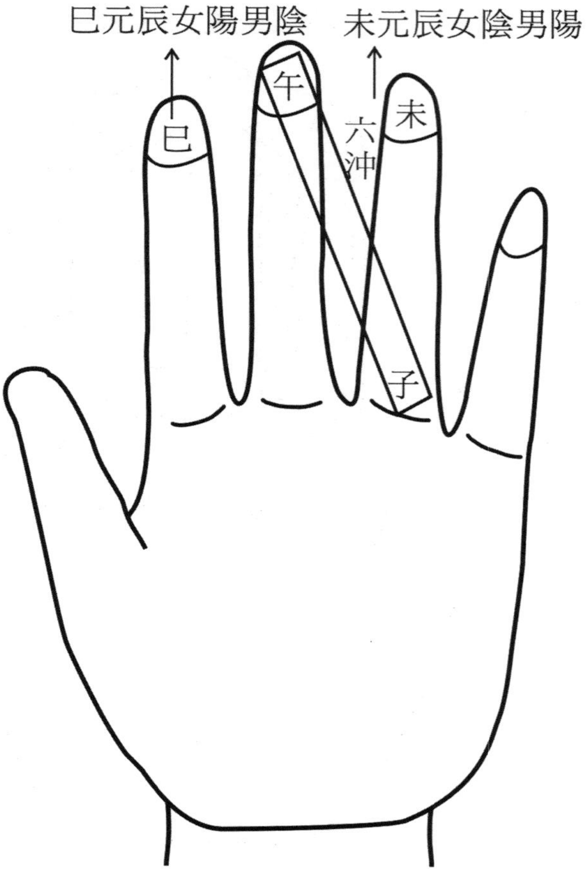

紅鸞：紅鸞在紫微斗數屬年支十二星之一，在八字與紅艷、桃花（咸池）可並參，可查看日主的婚緣與感情。口訣：毛囝仔丑子害徐游孫為（未）吳（午）巳辰

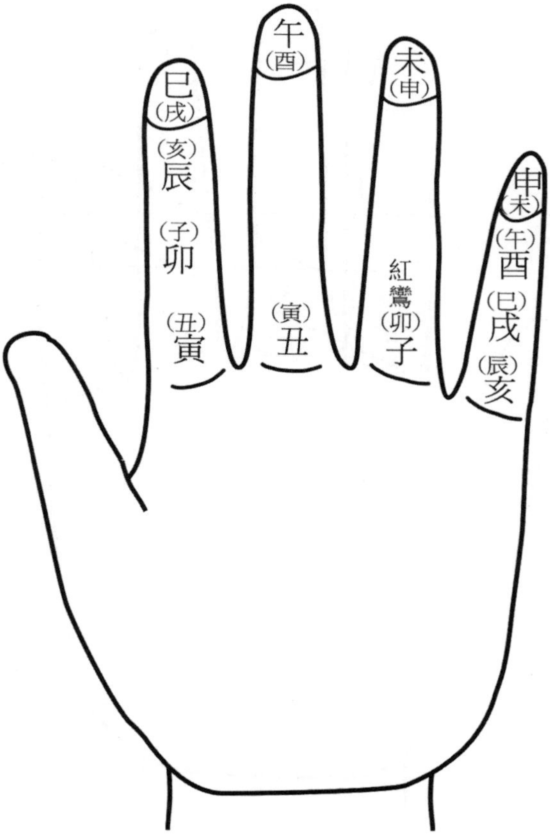

天喜：紅鸞的對應六沖位即天喜，紅鸞即卯、寅、丑、子、亥、戌、酉、申、未、午、巳、辰配子丑寅卯辰巳午未申酉戌亥十二地支。今以卯寅紅鸞子丑為例，卯寅對應六沖申酉，酉申午即天喜。其它各支以此類推。

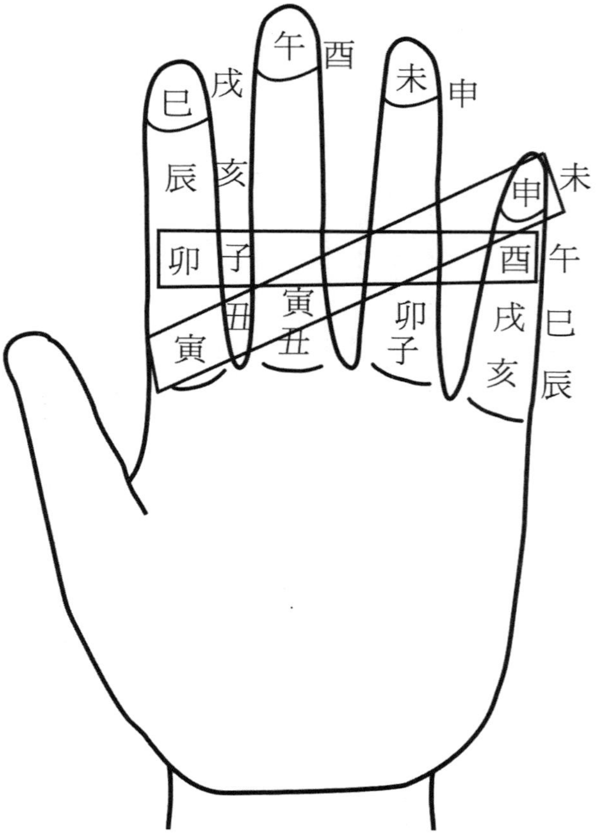

紅艷：甲乙丙丁戊己庚辛壬癸
午午寅未辰辰戌酉子申

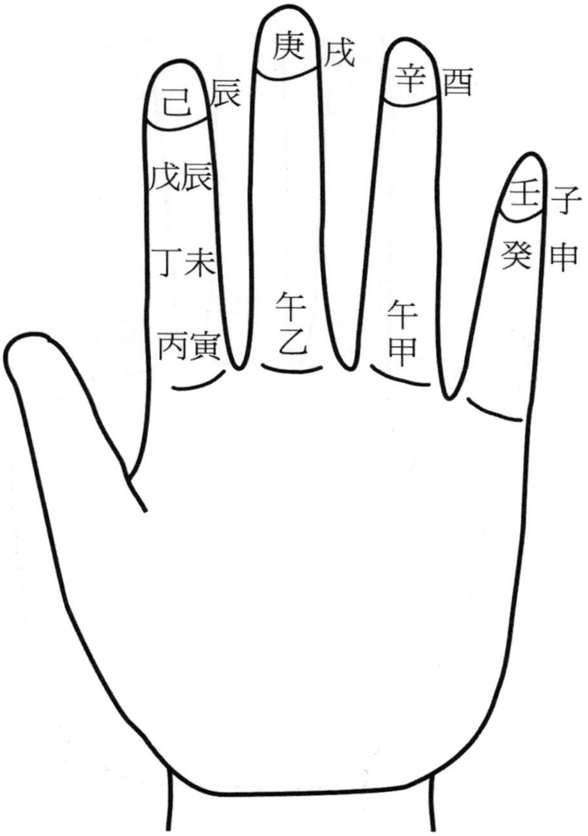

天德：甲乙丙丁戊己庚辛壬癸甲乙
巳庚丁申壬辛亥甲癸寅丙乙

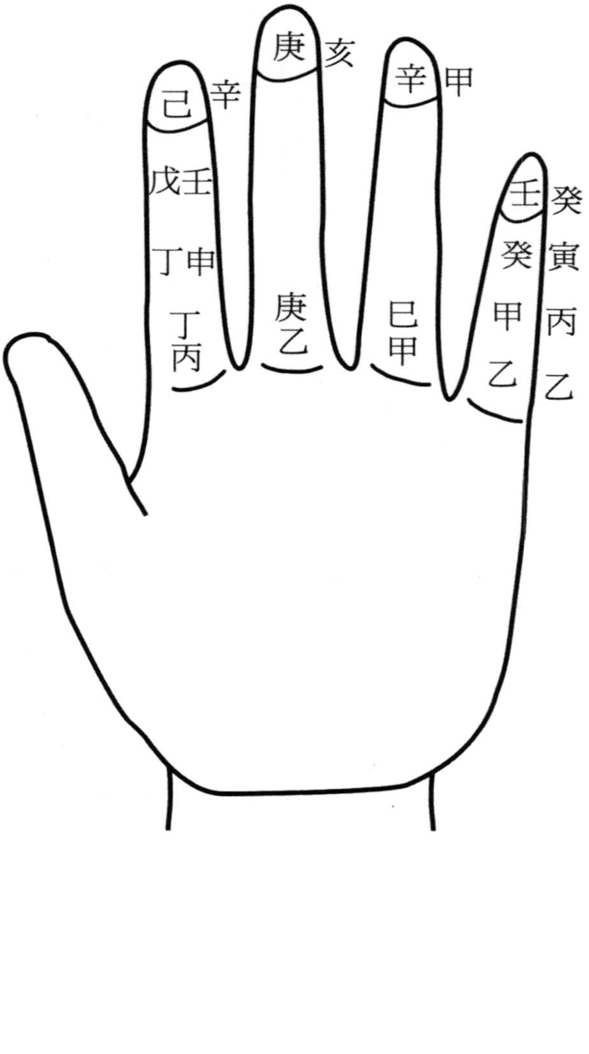

月德：甲乙丙丁戊己庚辛壬癸
壬庚丙甲壬庚丙甲壬庚

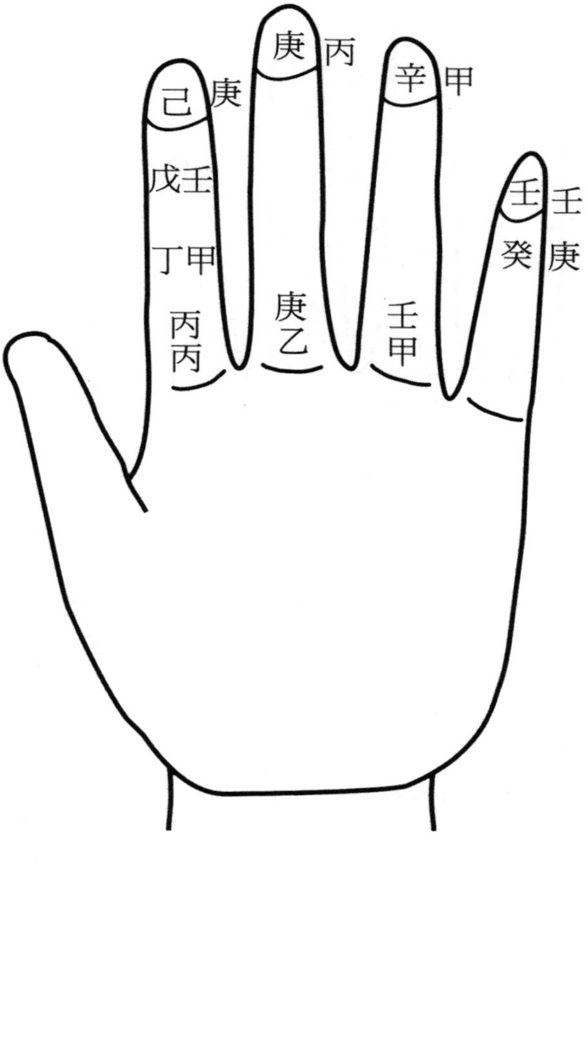

天醫：一個八字的月支退一位即天醫，例如八字：

年 甲戌

月 乙丑

日 丙寅

時 丁卯

月支乙丑退一位子，即天醫。

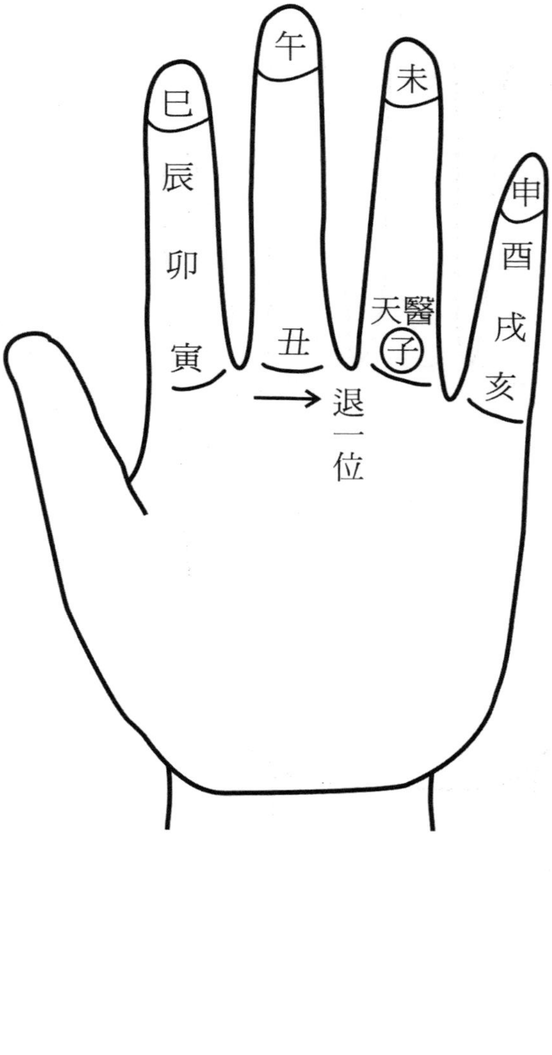

天乙貴人：用八字日支對應年、月、時三柱之天干，分三組，第一組丑未日支對應甲戊庚，第二組寅午對應辛，加上卯巳日支對應壬癸，第三組子申日支對應乙，加上亥酉日支對應丙丁。

第一組：

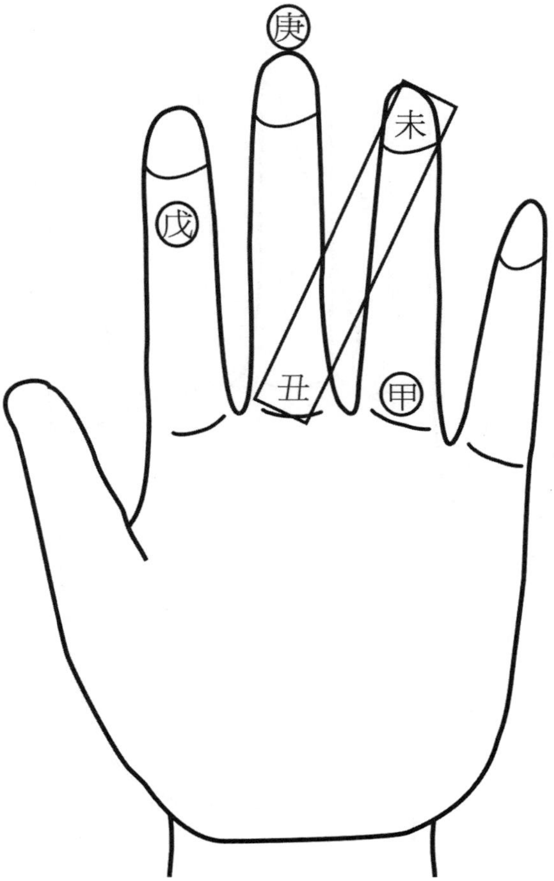

第二組：

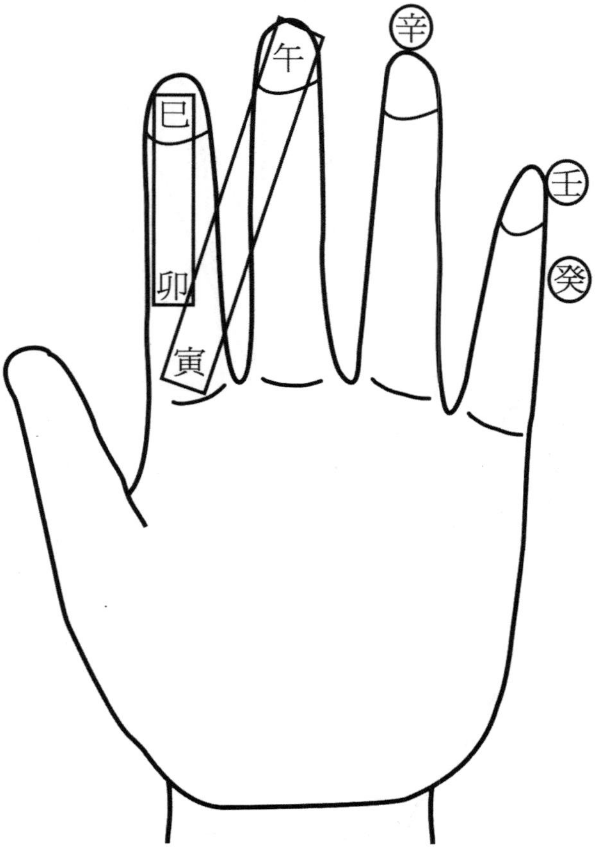

第三組：

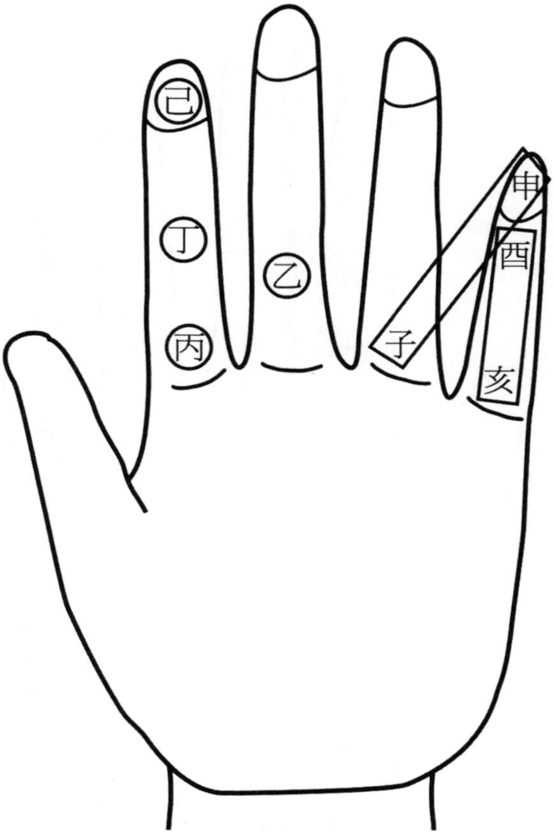

文昌貴人：文昌神的定義是指本命的食神祿位。例如甲命主的食神是丙火，依據十二生旺庫，丙的祿位在巳。同理，丙命主的食神是戊土，戊的祿位在巳，丁的祿位在午。其它十天干命主文昌位依此類推。（註8）

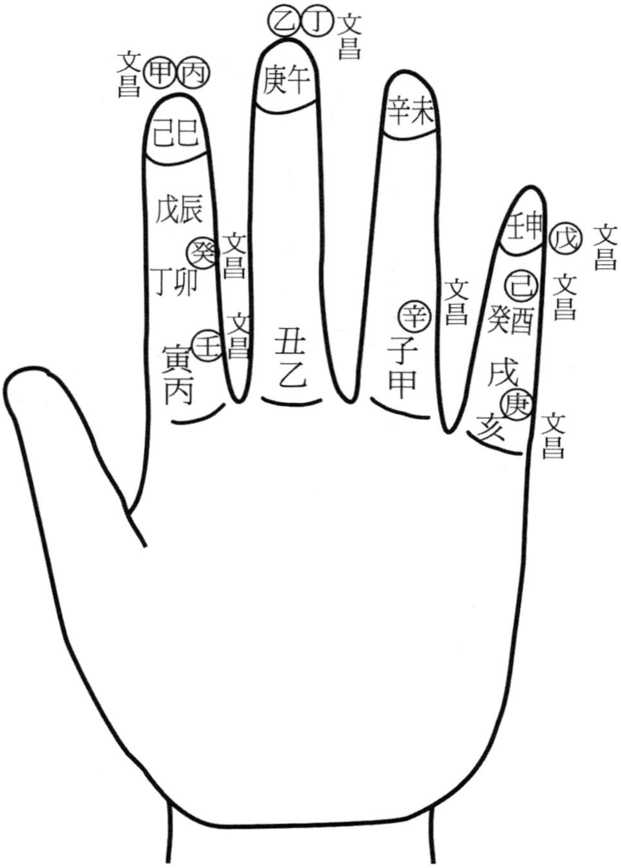

以上是最正確的文昌位版本。然今考古代通書所錄的口訣，文昌位丙丁兩干是有錯

誤。這首口訣是說：甲己乙午丙戊申，丁己酉位庚亥尋。

辛戌壬寅癸在卯，文人及第入翰林。

根據這首口訣，丙丁兩干的文昌位落在申酉，這是錯誤的。

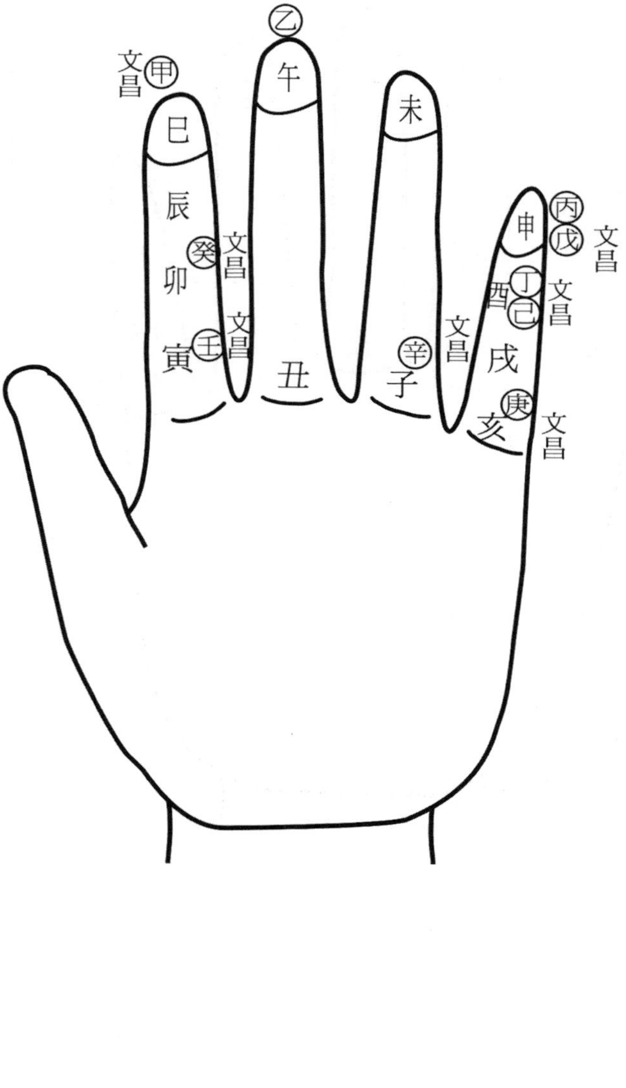

註8：另有一首文昌口訣作：甲乙巳午報君知，丙戊申宮丁己雞。庚豬辛鼠壬逢虎，癸人見卯入雲梯。根據這口訣，文昌位定義是指日主本命的祿位向前進三位，例如丙日主祿位在巳，向前進三位恰好落在申，這是古代通書錯誤的版本。

羊刃、飛刃：天干十二生旺庫的「旺」位叫羊刃，羊刃相對應的六沖叫飛刃。以甲干為例，甲旺在卯，卯的對應在酉（即卯的六沖位）。卯是甲干羊刃，酉是飛刃。其它各干以此類推。

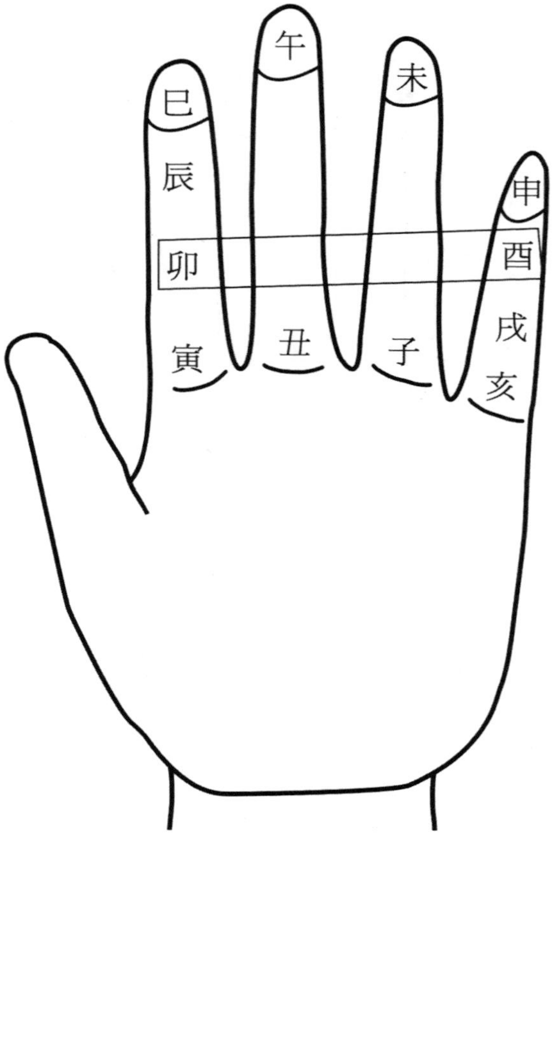

將星：十二地支分作四組三合，三合即十二生旺庫的生、旺、庫這三位。三合的旺位叫將星，三合的庫位叫華蓋，三合生位的六沖叫驛馬，三合生位的進一位叫桃花。因此，將星、華蓋、驛馬、桃花，都以三合作基準，非常好記。今以申子辰三合為例，其它三合以此類推。

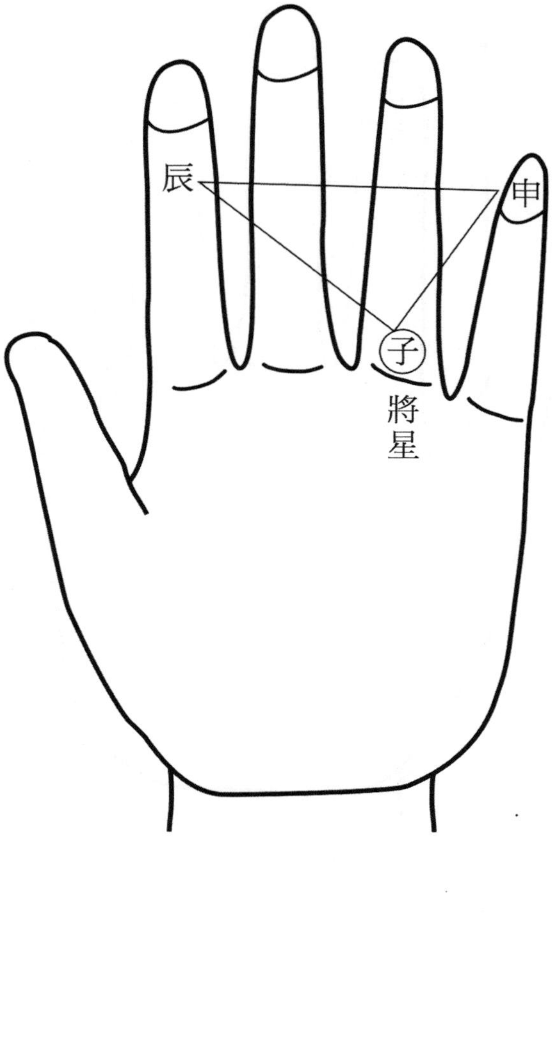

華蓋：

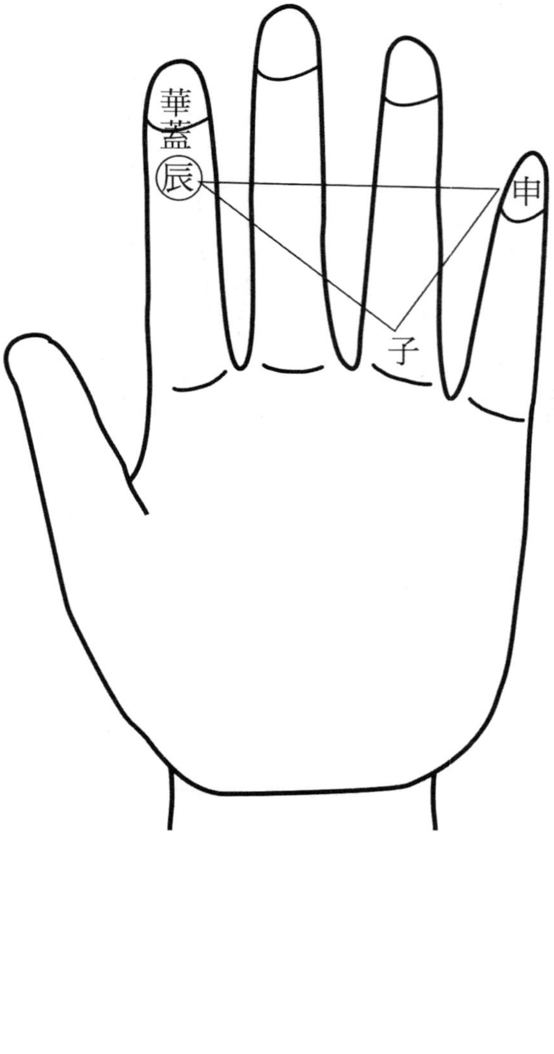

驛馬：

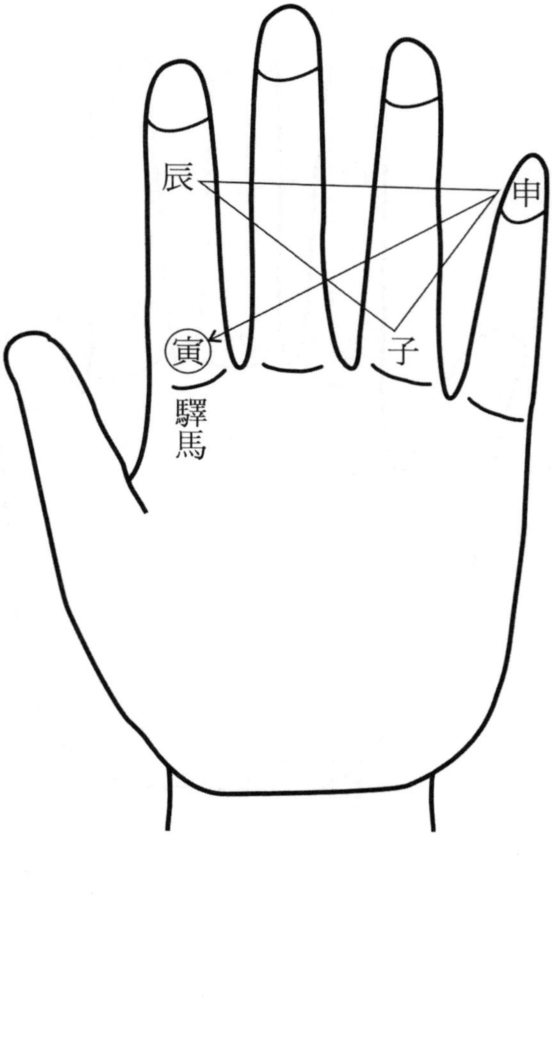

亡神、劫煞：用八字的日柱地支起三合，三合的旺退一位即亡神，亡神的六沖位即劫煞。例如甲子日主，申子辰三合，子旺退一位亥，即亡神，亥的六沖巳即劫煞。其它各支以此類推。

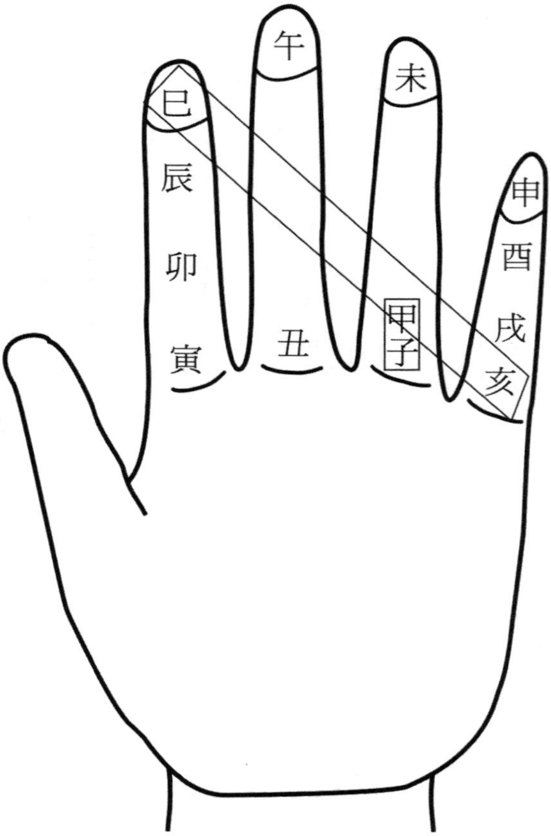

桃花：

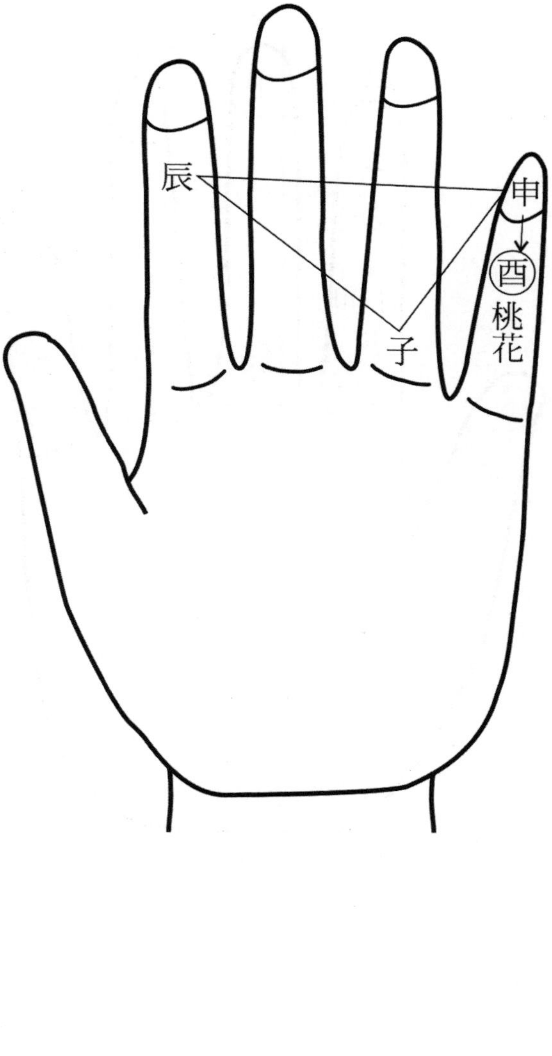

旬空：天干地支相配後，剩下的兩個地支叫旬空。因為天干十，地支十二，一干配一支必有兩支空出。例如甲子，旬空戌亥，乙亥旬空申酉，丙戌旬空午未，戊申旬空辰巳，庚申旬空寅卯，壬午旬空子丑。

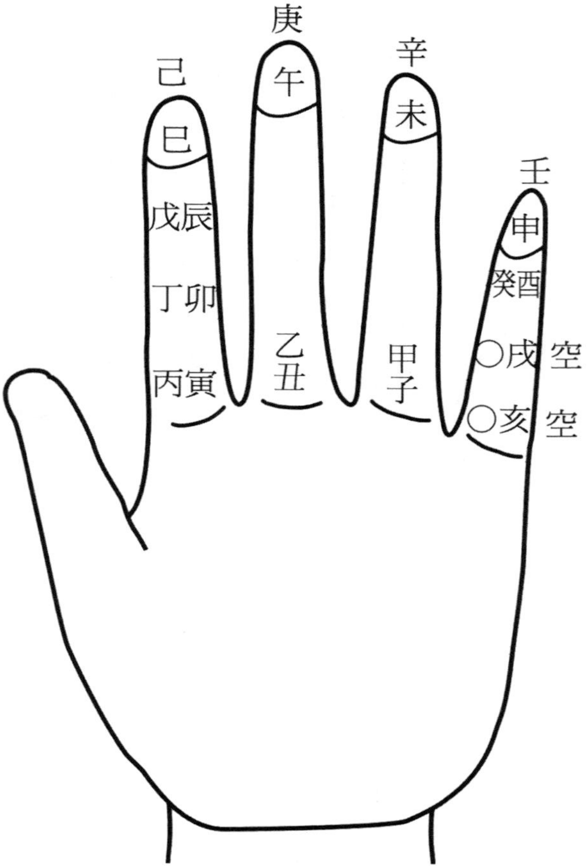

天羅地網：

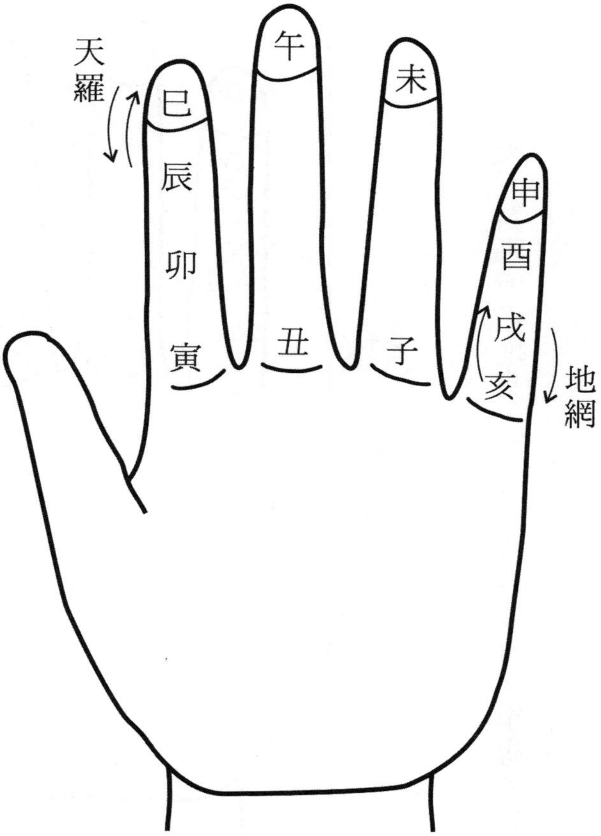

說明：辰見巳，巳見辰為地網。戌見亥，亥見戌為天羅。以日主年干對應其它三柱。

十惡：

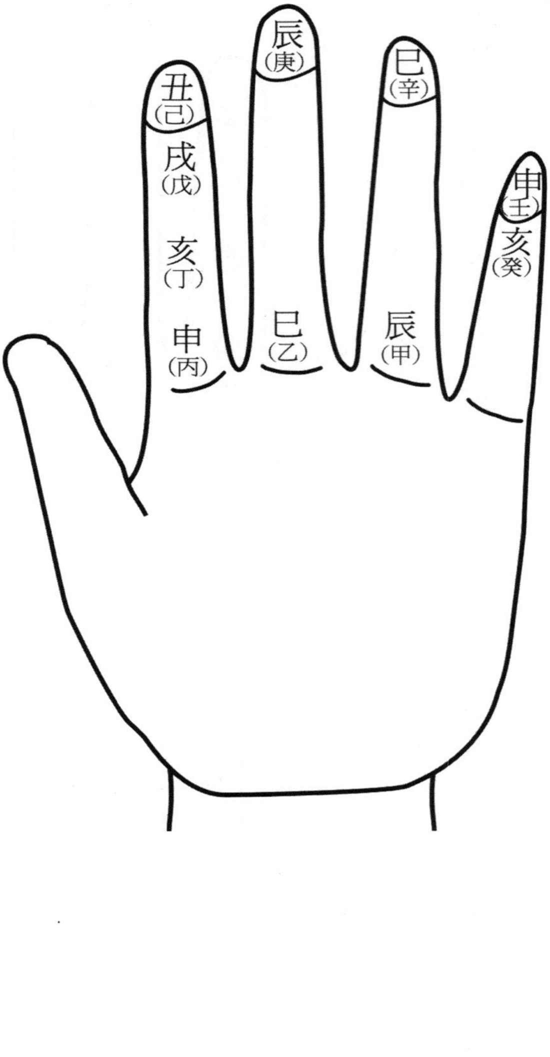

說明：1.天干對應所在地支。2.辰巳申亥戌丑，重複順排天赦

天赦：

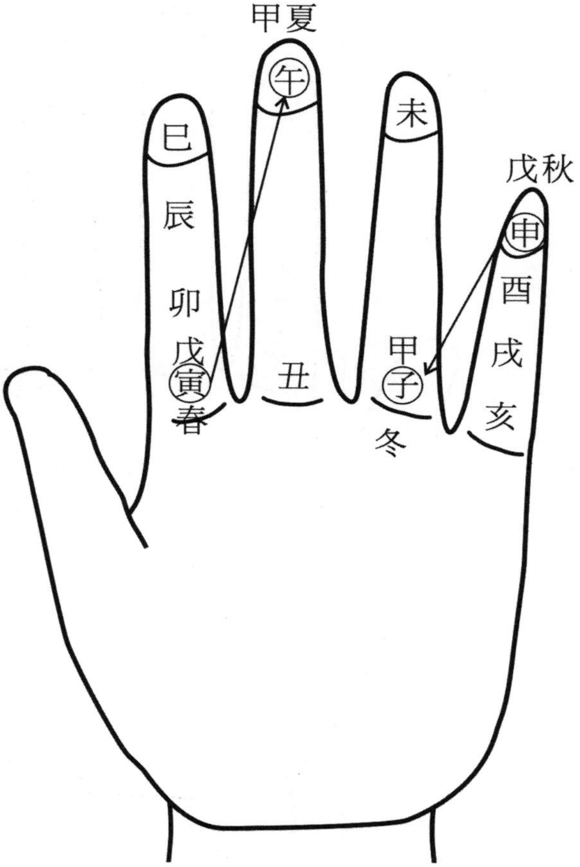

說明：

春天月柱見戊寅

夏天月柱見甲午

秋天月柱見戊申

冬天月柱見甲子

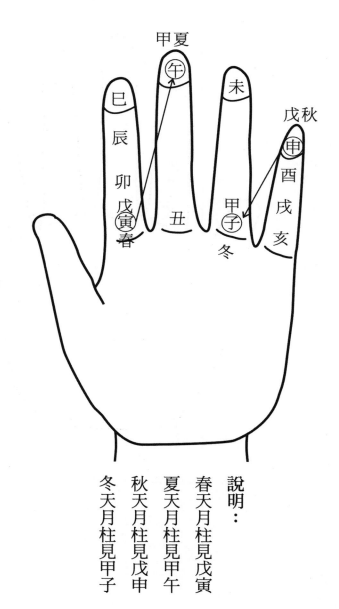

進神：四生寅申巳亥往前進一位，謂之進神。例如寅進卯，申進酉，巳進午，亥進子。反之，即退神。例如：子退亥，卯退寅，午退巳，酉退申。

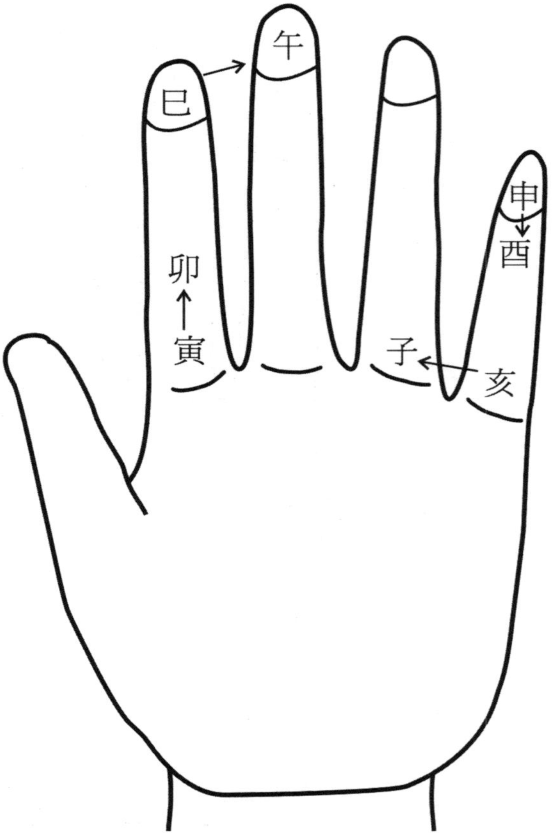

退神：辰戌丑未四墓往後退一位，謂之退神。例如辰退丑，未退辰，戌退未。反過來，謂之進神。例如丑進辰，辰進未，未進戌，戌進丑。

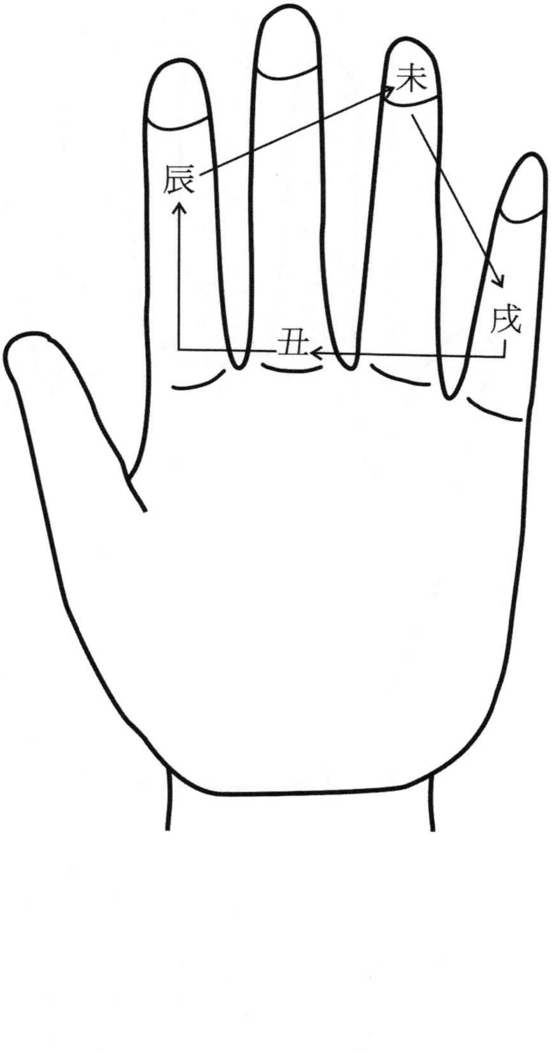

太陽麒麟：太陽宮四照對合到求法：太陽即月將，順行天盤十二地支運行一年十二宮，所到之處可制天狗、白虎。

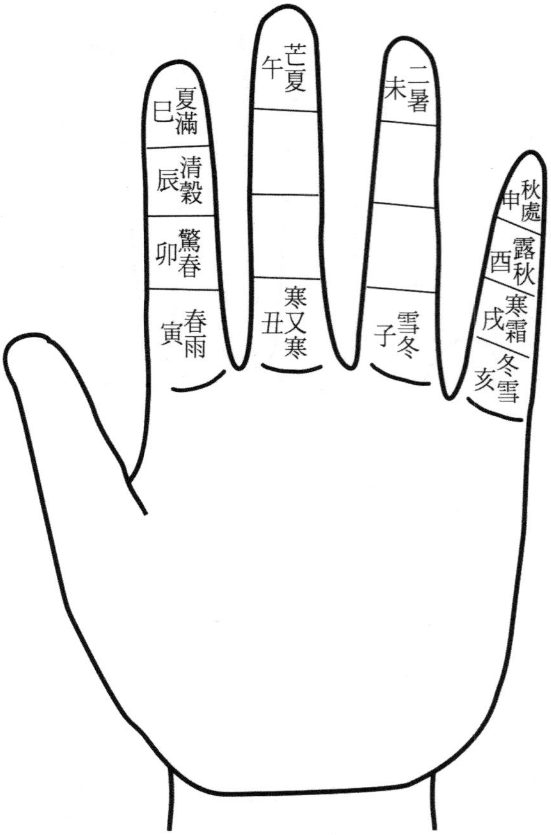

1. 其法先定廿四節氣。
2. 每一節氣之六合位即太陽躔宮。
3. 廿四節氣口訣：春雨驚春清穀天夏滿芒夏二暑連秋處露秋寒霜降冬雪雪冬寒又寒。

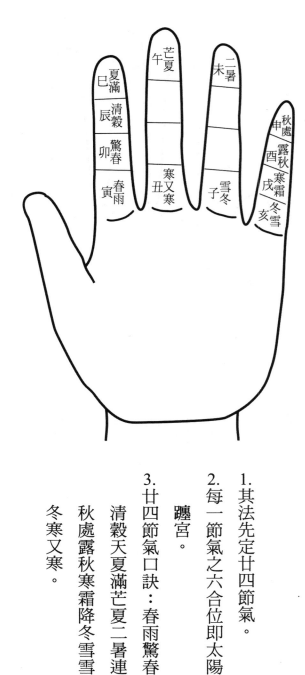

麒麟到宮：

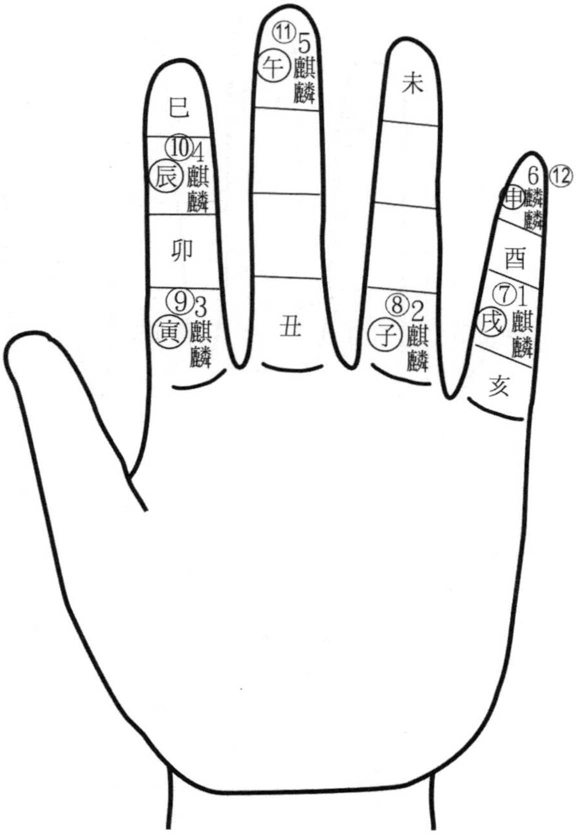

說明：

1.麒麟乃天上吉星，與太陽一樣順行十二地支天盤，運行一歲十二宮。所到宮位可制白虎天狗。

2.其法與太陽躔宮相配，自立春雨水驚蟄……繞行一週。

3.運行順序依：戌子寅辰午申用月份數字代表即上圖

五不遇：《董公擇日》有五不遇，是指十天干五剋，一干在日另一干在時。五干日與五干時的沖剋，合計每月有十日，謂之五不遇。

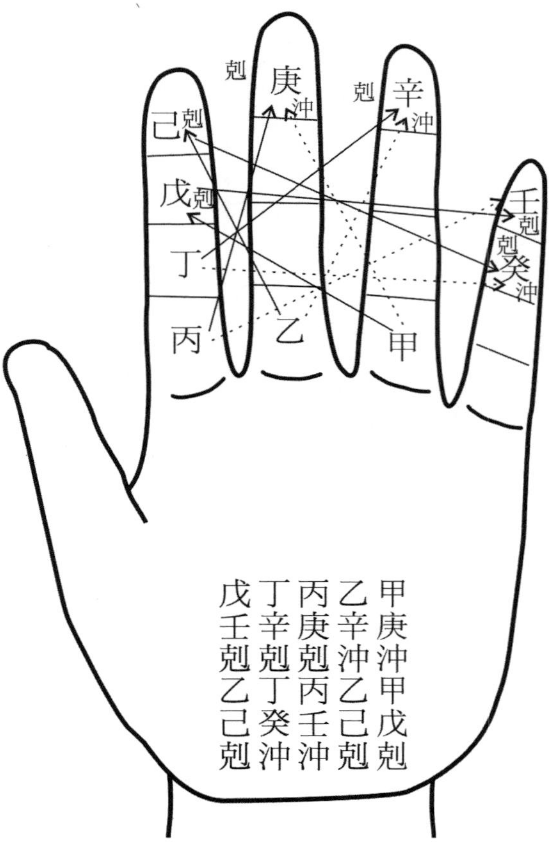

2、十二生旺庫掌訣

十二長生，是指生、浴、冠、臨、旺、衰、病、死、墓、絕、胎、養這十二項神煞的運行。它在五術領域用途甚廣。特別是在卜卦、擇日、風水，與八字的吉凶判斷，佔有重要決定因素。

十二長生有兩種：一是用神三合長生，二是日干順逆長生。

三合長生用在卜卦，是指用神爻的地支看是為何支？再將此地支起三合，配成生旺庫。例如求財爻用神為子，就起申子辰三合，長生在申，沐浴酉，冠戌，臨亥，旺子，衰丑，病寅，死卯，墓辰，絕巳，胎午，養未。若財爻是寅，就用寅午戌三合長生，財爻在巳，用巳酉丑，在亥，用亥卯未。以此類推，將十二地支分作四組三合長生，配合用神爻位，順行裝卦六爻，就是用神三合長生。

掌訣如下：

申子辰長生掌訣：

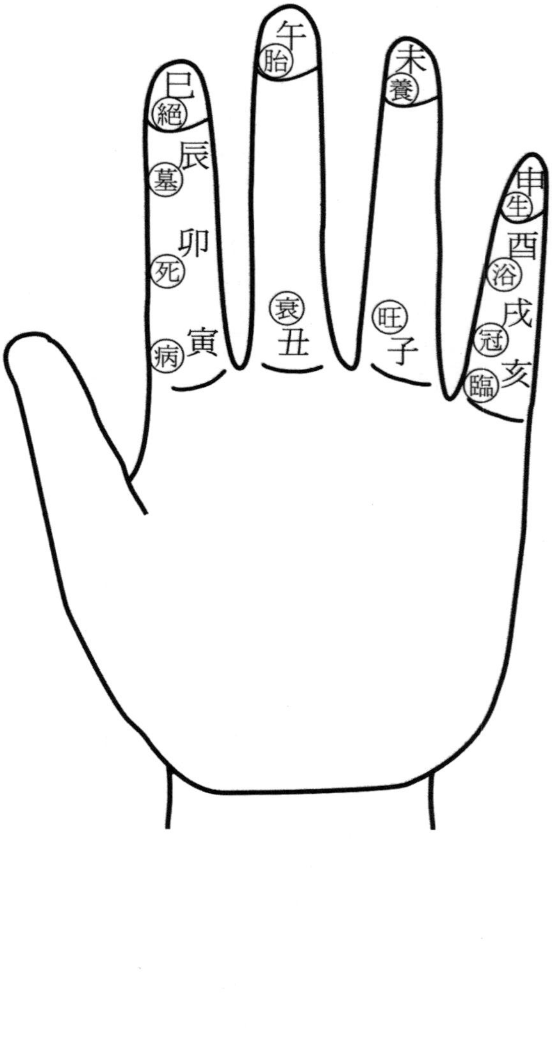

寅午戌長生掌訣：

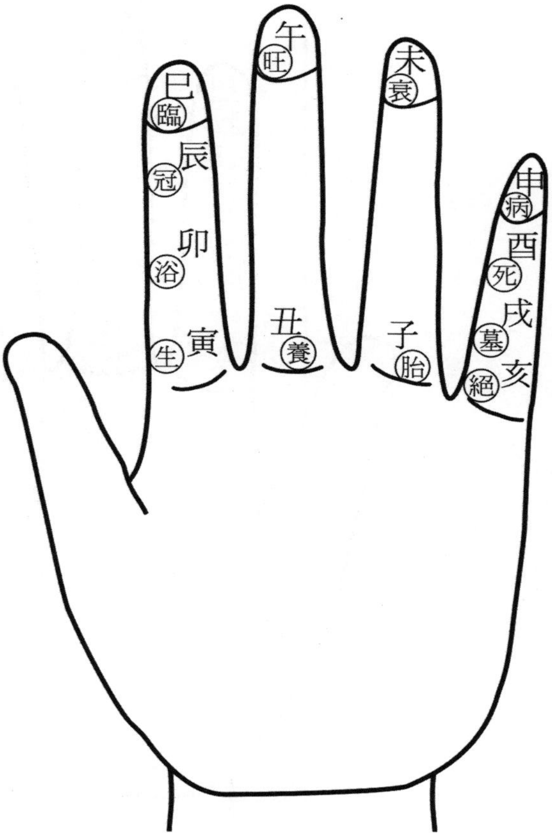

巳酉丑長生掌訣：

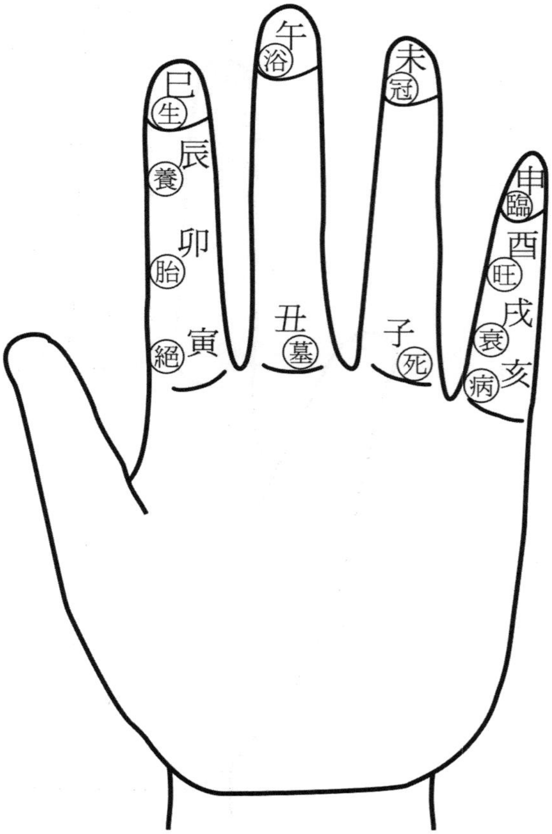

亥卯未長生掌訣：

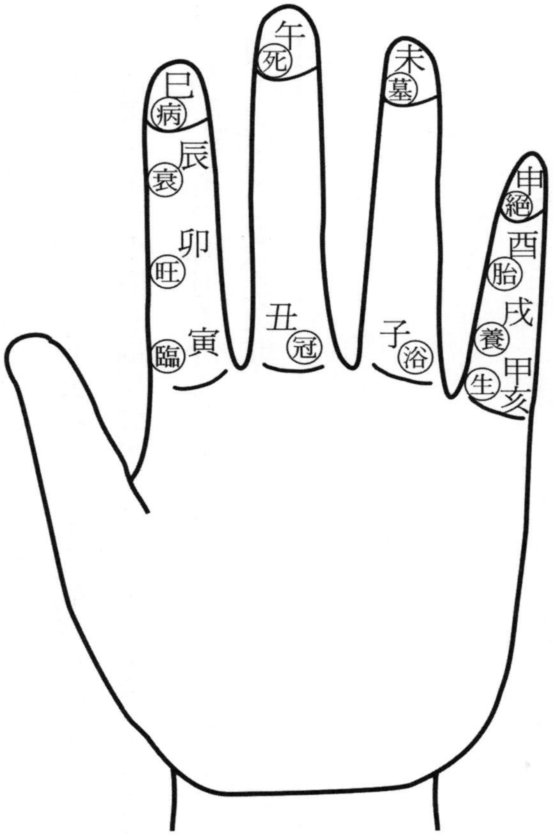

第二種長生是用八字的甲乙丙丁戊己庚辛壬癸起十二長生，甲自亥起長生，順行，死於午，絕於申。乙自午起長生，但要逆行，死於亥，絕於酉。凡日干陽干順行長生，至死地，即為陰干的生地。表明這是生即是死，死即是生。陽生陰死，陰死陽生，陰陽顛倒顛顛，予人一種絕處逢生，生旺孤絕，生生不息，陰陽循環相生相剋的變化哲理啟示。今列十天干長生墓庫表如下。

日干天干十二長生掌訣作法是地支的掌位固定不變，只要將天干置於起長生的地支位，依陽干順行生浴冠臨旺衰病死墓絕胎養順數下去即可。反之，陰干就要在起長生位的地支逆行，依次順序數下去即可很快得知天干十二長生旺墓庫的位置。今以甲干乙干掌訣為例，其它天干以此類推。

甲干（陽）十二長生位：

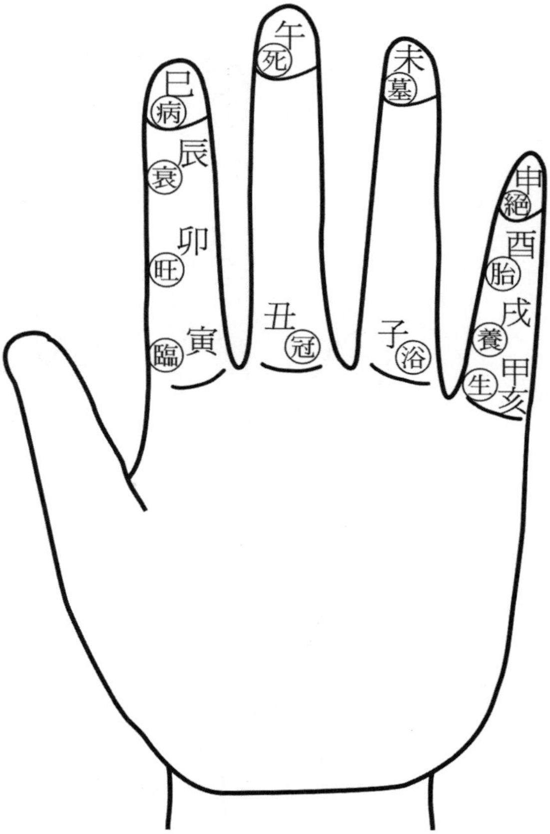

乙干（陰）十二長生位：

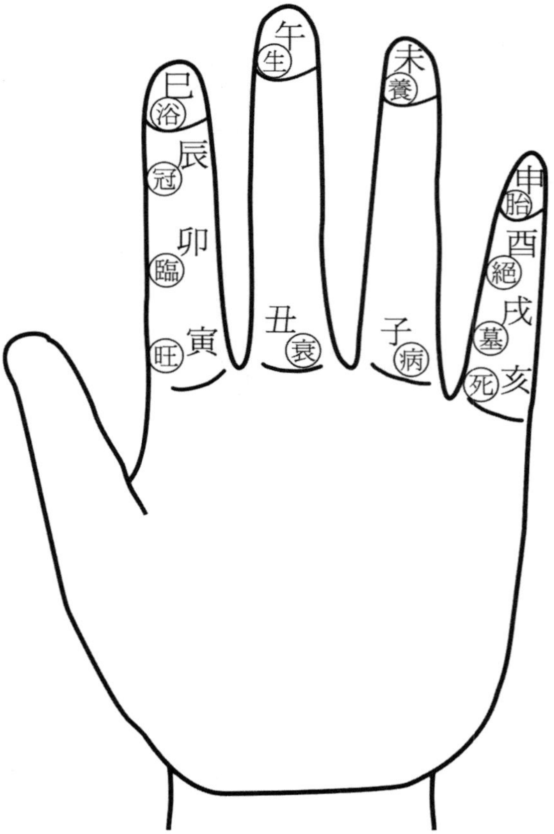

3、六親掌訣

八字有六神六親的生剋關係，應用它轉化到火珠林卜卦的六親吉凶生剋，道理是一樣，只差別在二者的六親名詞稍有差異。今錄《卜筮正宗》轉載有〈通玄賦〉與〈碎金賦〉兩篇敘述六爻六親的生剋制化，此二書的生剋道理相同，只有名稱小異。

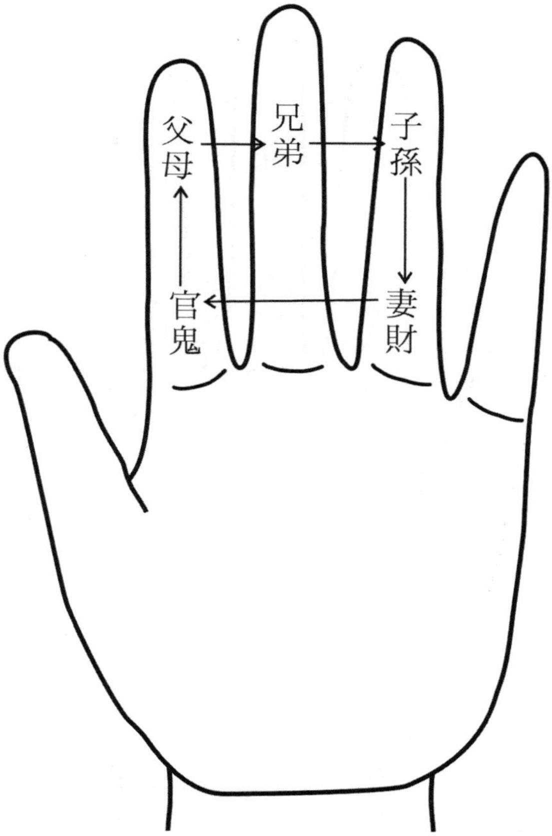

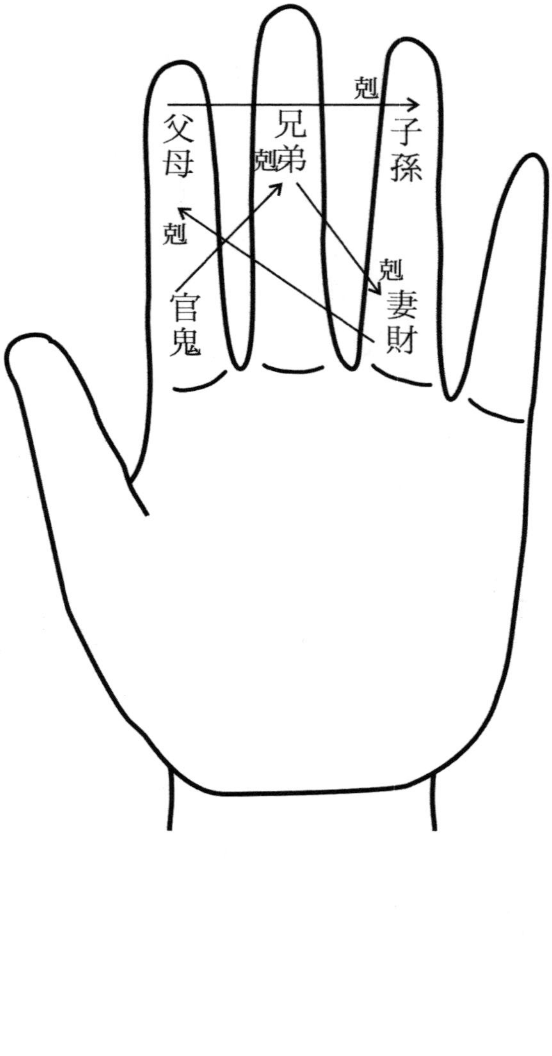
剋
父母
兄弟
剋
子孫
剋
剋
官鬼
妻財

六神相生

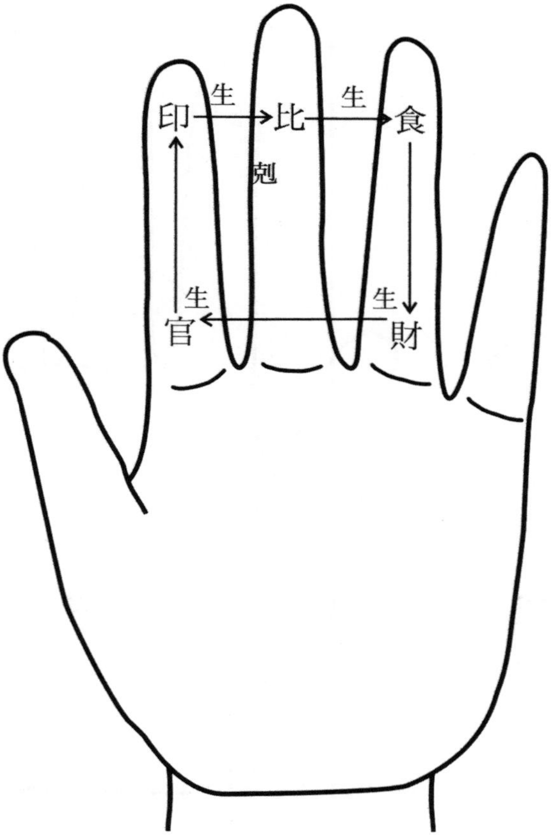

六神相剋

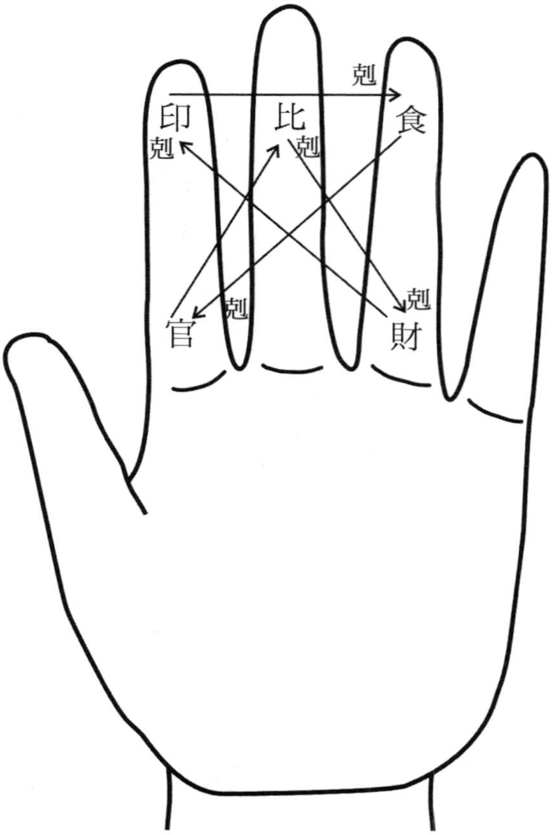

四、納音古占起卦法

雖說起卦容易斷卦難，但是起卦也有好幾種方法。較早的起卦法最正統應是大衍之數，用49的運算，詳載在朱熹《易學啟蒙》此書的首頁，再有就是後世流行的「金錢卦」分拆重為陰陽的起卦法。

以上二法現行出版占卜書都有說，茲不贅錄。這裏補述其它一些簡便方法介紹如下：

1、八字起卦法：將八字的年月日相加總和除以8，做上卦。再將八字的年月日時相加除以8做下卦，上下卦相配即得出一卦。再將年月日時相加總和除以6，看餘數多少即定為第幾爻是動爻。

2、手掌九宮數字位置起卦：無論男女都用左手，將大拇指自由無心滑動在手指八宮的位置，看第一次點在何卦做上卦，再點第二次做下卦，即得出一卦。再點第三次看是何卦居何數，再從前面上下卦得出的卦，由下第一爻往上數，數到卦數看第幾爻，即作動爻。

3、萬年掌訣起卦：即將八字的年月日時干支列出來，再將干支用萬年掌訣每一柱求出數字，四柱干支即換算得四個數字。再將此數字的年月數字相加除八，餘數做上卦。又將日時數字相加除八做下卦。最後將年月日時數字相加總合除6做動爻。

4、金錢占起卦：用三個一樣的硬幣，人頭是陽，有字是陰。雙手合住在掌心，靜心默念禱詞搖一搖，然後手心張開自然滑落桌面（也可改用市售龜盤搖卦），每次由下往上記下陰陽爻，一共搖六次得出六爻一卦。二陽一陰取陰，二陰一陽取陽。三個都陰當作變爻，陰變陽。反之，三個都陽當作動爻，這一爻變陰。有動爻時，須要參考變出的一卦做斷卦參考。

5、時間起卦法：用年、月、日、時四個數字起卦，年月日相加除8為上卦，年月日時相加除8為下卦，即得出一卦。年月日時相加除6當作動爻。

6、筆劃起卦：占卜人寫一個字，再把此字分做一半，一半是部首，另一半是部首外的筆劃。部首筆劃數字除8為上卦，另一半筆劃數除8為下卦，再將全部筆劃除6做動爻。

7、姓名起卦：仿照姓名學天地人三格，天格除8做上卦，地格除8做下卦，人格除6做動爻。

8、聲音起卦：占卜人隨意說出一段話，發一個聲音，再根據聲音的平聲上聲去聲入聲四聲，分作1、2、3、4聲，寫出陰爻陽爻，奇數是陽爻，偶數是陰爻，寫滿六爻即成一卦，這一卦的上卦卦數（後天）與下卦卦數總數除6做動爻。

9、米粒起卦法：白米一盤，隨意抓一把置桌上，數其總數除8，做上卦。再抓第二把除

8做下卦，即成一卦，兩把總數除6做動爻。

10、八宅命卦起卦：按照陽宅八宅的命卦起卦，東四命卦是坎、離、震、巽，西四命卦是坤、兌、乾、艮。

五、納音古占裝卦法

裝卦方法分兩種：一、金錢卦裝卦法。二、納音古占裝卦法。

現行市售《周易》占卜書全部是金錢卦裝卦，只要略備占卜知識者，大抵都會裝卦，本書即不再贅述。

至於納音古占法裝卦，久已失傳，更別說根據它的系統斷卦應用了。而目前五術界刊行的《周易》占卜書，也沒有看到哪一本是用納音古占法裝卦。為此，本書將重點置於納音古占裝卦，及其斷卦方法。茲將納音古占裝卦的步驟，舉丙寅月乙丑日占得〈中孚〉裝卦為例，詳述於下：

1、先求〈中孚〉卦的本宮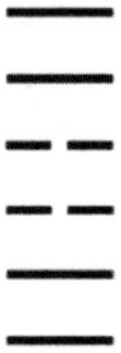是艮宮四世卦，五行屬土，世爻在〈中孚〉卦第四爻，應爻在第一爻。

2、開始裝六爻的天干地支，〈中孚〉下卦兌初爻起巳卯丑，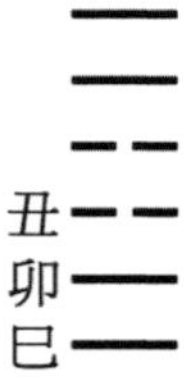

，上卦巽初爻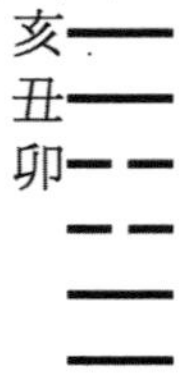

。兌卦納甲是丁，巽卦納甲是辛，所以〈中孚〉卦的天干地支如下：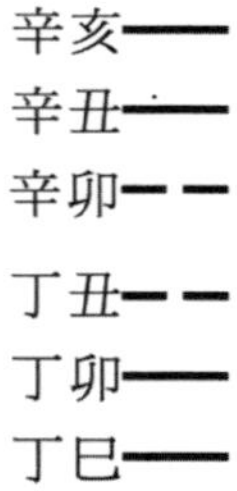

3、再根據納音五行（不是正五行），決定〈中孚〉六爻的五行如下：

4、再將〈中孚〉六爻的五行換算成納音具體物象，例如：

辛亥金 ——
辛丑土 ——
辛卯木 - -
丁丑水 - -
丁卯火 ——
丁巳土 ——

辛亥金 釵釧金 ——
辛丑土 壁上土 ——
辛卯木 松柏木 - -
丁丑水 澗下水 - -
丁卯火 爐中火 ——
丁巳土 沙中土 ——

5、再來是裝〈中孚〉卦六爻的六神，因為〈中孚〉卦本官艮卦屬土，所以〈中孚〉卦六爻每一爻的五行與本宮五行土產生生剋比和，生我者父母，我生者子孫，剋我者官鬼，我剋者妻財，同我者兄弟。例如：

子孫 —— 金
兄弟 —— 土
官鬼 - - 木
妻財 - - 水
父母 —— 火
兄弟 —— 土

艮：土

6、最後裝六神，要根據卜卦日的天干決定六神行走在所得卦六爻的方向順序。天干方向與六神相配的順序如下：

甲乙東方起青龍。

丙丁南方起朱雀。

戊起中央勾陳。

己起中央螣蛇。

庚辛起西方白虎。

壬癸起北方玄武。

根據這個準則，乙丑日占得〈中孚〉卦裝六神是：

玄武	子孫	━━━	辛亥金	釵釧金
白虎	兄弟	━━━	辛丑土	壁上土
螣蛇	官鬼	━ ━ 世	辛卯木	松柏木
勾陳	妻財	━ ━	丁丑水	澗下水
朱雀	父母	━━━	丁卯火	爐中火
青龍	兄弟	━━━ 應	丁巳	沙中

艮：土

基本原則：

1、納音古占裝卦用納音五行。

2、今法金錢卦占卜用正五行。

3、納音古占裝卦六爻干支並用。

4、今法金錢卦裝卦六爻只用地支。

5、納音古占五行每一行有六種物象，金錢卦沒有物象。

以下將《周易》六十四卦，分別用金錢卦裝卦與納音古占法裝卦兩種裝卦法，對照排列如下，讀者細心揣摩這兩種裝卦法的異同之處，自行領會其中的優劣奧妙。

六、六十四卦納音裝卦圖

1 乾：甲子日 乾宮本卦

乾為天（☰☰）

干支	爻	六親
壬戌	━ 世	父母
壬申	━	兄弟
壬午	━	官鬼
甲辰	━ 應	父母
甲寅	━	妻財
甲子	━	子孫

六獸	六親	爻	干支	納音
玄武	子孫	━━━ 世	壬戌水	大海水
白虎	兄弟	━━━	壬申金	劍鋒金
螣蛇	妻財	━━━	壬午木	楊柳木
勾陳	官鬼	━━━ 應	甲辰火	覆燈火
朱雀	子孫	━━━	甲寅水	大溪水
青龍	兄弟	━━━	甲子金	海中金

乾：金

2 坤：乙丑日
坤宮本卦

坤為地（☷☷）

子孫	⚋ 世	癸酉	
妻財	⚋	癸亥	
兄弟	⚋	癸丑	
官鬼	⚋ 應	乙卯	
父母	⚋	乙巳	
兄弟	⚋	乙未	

六神	六親	爻	干支	納音
玄武	官鬼	⚋ 世	癸丑木	桑柘木
白虎	子孫	⚋	癸卯金	金箔金
螣蛇	妻財	⚋	癸巳水	長流水
勾陳	子孫	⚋ 應	乙未金	沙中金
朱雀	妻財	⚋	乙酉水	井泉水
青龍	父母	⚋	乙亥火	山頭火

坤：土

3 屯：丙寅日 坎宮二世卦

水雷屯（䷂）

戊子	⚋		兄弟
戊戌	⚊	應	官鬼
戊申	⚋		父母
庚辰	⚋		官鬼
庚寅	⚋	世	子孫
庚子	⚊		兄弟

六神	六親	爻	世應	干支	納音
青龍	官鬼	⚋		戊寅土	城頭土
玄武	妻財	⚊	應	戊子火	劈靂火
白虎	子孫	⚋		戊戌木	平地木
螣蛇	官鬼	⚋		庚午土	路旁土
勾陳	父母	⚋	世	庚辰金	白蠟金
朱雀	子孫	⚊		庚寅木	松柏木

屯：水

4 蒙：丁卯日 離宮四世卦

六神	六親	爻	世應	干支	納音
青龍	子孫	▬▬▬		丙辰土	沙中土
玄武	兄弟	▬ ▬		丙寅火	爐中火
白虎	官鬼	▬ ▬	世	丙子水	澗下水
螣蛇	子孫	▬ ▬		戊申土	大驛土
勾陳	兄弟	▬▬▬		戊午火	天上火
朱雀	父母	▬ ▬	應	戊辰木	大林木

蒙：火

山水蒙（☶☵）

干支	爻	六親
丙寅	▬▬▬	父母
丙子	▬ ▬	官鬼
丙戌	▬ ▬ 世	子孫
戊午	▬ ▬	兄弟
戊辰	▬▬▬	子孫
戊寅	▬ ▬ 應	父母

5 需：戊辰日 坤宮四世

六神	六親	爻	世應	干支	納音
朱雀	兄弟	▅▅ ▅▅		戊寅土	城頭土
青龍	父母	▅▅▅▅▅		戊子火	劈靂火
玄武	官鬼	▅▅ ▅▅	世	戊戌木	平地木
白虎	父母	▅▅▅▅▅		甲辰火	覆燈火
螣蛇	妻財	▅▅▅▅▅		甲寅水	大溪水
勾陳	子孫	▅▅▅▅▅	應	甲子金	海中金

需：土

水天需（䷄）

干支	爻	世應	六親
戊子	▅ ▅		妻財
戊戌	▅▅▅		兄弟
戊申	▅ ▅	世	子孫
甲辰	▅▅▅		兄弟
甲寅	▅▅▅		官鬼
甲子	▅▅▅	應	妻財

6 訟：己巳日 離宮遊魂

天水訟（䷅）

壬戌	—		子孫
壬申	—		妻財
壬午	—	世	兄弟
戊午	- -		兄弟
戊辰	—		子孫
戊寅	- -	應	父母

勾陳	官鬼	———		壬戌水	大海水
朱雀	妻財	———		壬申金	劍鋒金
青龍	父母	———	世	壬午木	楊柳木
玄武	子孫	— —		戊申土	大驛土
白虎	兄弟	———		戊午火	天上火
朧蛇	父母	— —	應	戊辰木	大林木

應訟：火

7 師：庚午日 坎宮七世歸魂

六神	六親	爻	納甲	納音
螣蛇	子孫	⚋ 應	癸丑木	桑柘木
勾陳	父母	⚋	癸卯金	金箔金
朱雀	兄弟	⚋	癸巳水	長流水
青龍	官鬼	⚋ 世	戊申土	大驛土
玄武	妻財	⚊	戊午火	天上火
白虎	子孫	⚋	戊辰木	大林木

師：水

地水師（䷆）

癸酉	⚋ 應	父母
癸亥	⚋	兄弟
癸丑	⚋	官鬼
戊午	⚋ 世	妻財
戊辰	⚊	官鬼
戊寅	⚋	子孫

8 比：辛未日
坤宮七世歸魂卦

水地比（䷇）

戊子	⚋	應	妻財
戊戌	⚊		兄弟
戊申	⚋		子孫
乙卯	⚋	世	官鬼
乙巳	⚋		父母
乙未	⚋		兄弟

六神	六親	爻	世應	納甲	納音
螣蛇	兄弟	⚋	應	戊寅土	城頭土
勾陳	父母	⚊		戊子火	劈靂火
朱雀	官鬼	⚋		戊戌木	平地木
青龍	子孫	⚋	世	乙未金	沙中金
玄武	妻財	⚋		乙酉水	井泉水
白虎	父母	⚋		乙亥火	山頭火

比：土

9 小蓄：壬申日 巽宮一世卦

風天小蓄（☴☰）

辛卯	⚊		兄弟
辛巳	⚊		子孫
辛未	⚋	應	妻財
甲辰	⚊		妻財
甲寅	⚊		兄弟
甲子	⚊	世	父母

白虎	官鬼	⚊		辛亥金	釵釧金
螣蛇	妻財	⚊		辛丑土	壁上土
勾陳	兄弟	⚋	應	辛卯木	松柏木
朱雀	子孫	⚊		甲辰火	覆燈火
青龍	父母	⚊		甲寅水	大溪水
玄武	官鬼	⚊	世	甲子金	海中金

小蓄：木

10履：癸酉日 艮宮五世卦

天澤履（☰☱）

壬戌	⚊		兄弟
壬申	⚊	世	子孫
壬午	⚊		父母
丁丑	⚋		兄弟
丁卯	⚊	應	官鬼
丁巳	⚊		父母

白虎	妻財	⚊		壬戌水	大海水
螣蛇	子孫	⚊	世	壬申金	劍鋒金
勾陳	官鬼	⚊		壬午木	楊柳木
朱雀	妻財	⚋		丁丑水	澗下水
青龍	父母	⚊	應	丁卯火	爐中火
玄武	兄弟	⚊		丁巳土	沙中土

履：土

11泰：甲戌日 坤宮三世

地天泰（☷☰）

癸酉	⚋ 應	子孫
癸亥	⚋	妻財
癸丑	⚋	兄弟
甲辰	⚊ 世	兄弟
甲寅	⚊	官鬼
甲子	⚊	妻財

玄武	官鬼	⚋	應	癸丑木	桑柘木
白虎	子孫	⚋		癸卯金	金箔金
螣蛇	妻財	⚋		癸巳水	長流水
勾陳	父母	⚊	世	甲辰火	覆燈火
朱雀	妻財	⚊		甲寅水	大溪水
青龍	子孫	⚊		甲子金	海中金

泰：土

12 否：乙亥日 乾宮三世卦

天地否（☰☷）

父母	壬戌	▅▅ 應	
兄弟	壬申	▅▅	
官鬼	壬午	▅▅	
妻財	乙卯	▅ ▅ 世	
官鬼	乙巳	▅ ▅	
父母	乙未	▅ ▅	

六獸	六親	爻	世應	干支五行	納音
玄武	子孫	▅▅▅▅▅	應	壬戌水	大海水
白虎	兄弟	▅▅▅▅▅		壬申金	劍鋒金
螣蛇	妻財	▅▅▅▅▅		壬午木	楊柳木
勾陳	兄弟	▅▅ ▅▅	世	乙未金	沙中金
朱雀	子孫	▅▅ ▅▅		乙酉水	井泉水
青龍	官鬼	▅▅ ▅▅		乙亥火	山頭火

否：金

13同人：丙子日 離宮歸魂卦

天火同人（☰☲）

壬戌	⚊ 應	子孫
壬申	⚊	妻財
壬午	⚊	兄弟
己亥	⚊ 世	官鬼
己丑	⚋	子孫
己卯	⚊	父母

青龍	官鬼	⚊ 應	壬戌水	大海水
玄武	妻財	⚊	壬申金	劍鋒金
白虎	父母	⚊	壬午木	楊柳木
螣蛇	子孫	⚊ 世	己卯土	城頭土
勾陳	父母	⚋	己巳木	大林木
朱雀	兄弟	⚊	己未火	天上火

同人：火

14 大有：丁丑日 乾宮歸魂卦

火天大有（☲☰）

干支	爻	六親
己巳	▬ 應	官鬼
己未	▬ ▬	父母
己酉	▬	兄弟
甲辰	▬ 世	父母
甲寅	▬	妻財
甲子	▬	子孫

六獸	六親	爻	干支	納音
青龍	父母	▬▬▬ 應	己酉土	大驛土
玄武	妻財	▬ ▬	己亥木	平地木
白虎	官鬼	▬▬▬	己丑火	劈靂火
螣蛇	官鬼	▬▬▬ 世	甲辰火	覆燈火
勾陳	子孫	▬▬▬	甲寅水	大溪水
朱雀	兄弟	▬▬▬	甲子金	海中金

大有：金

15 謙：戊寅日 兌宮五世卦

地山謙（䷎）

癸酉	⚋		兄弟
癸亥	⚋	世	子孫
癸丑	⚋		父母
丙申	⚊		兄弟
丙午	⚋	應	官鬼
丙辰	⚋		父母

朱雀	兄弟	⚋		乙丑金	海中金
青龍	子孫	⚋	世	乙卯水	大溪水
玄武	官鬼	⚋		乙巳火	覆燈火
白虎	父母	⚊		丙戌土	屋下土
螣蛇	官鬼	⚋	應	丙申火	山下火
勾陳	子孫	⚋		丙午水	天河水

謙：金

16 豫：己卯日 震宮一世卦

六神	六親	爻	干支	納音
勾陳	妻財	▬ ▬	庚子土	壁上土
朱雀	官鬼	▬ ▬	庚戌金	釵釧金
青龍	兄弟	▬▬▬ 應	庚申木	石榴木
玄武	官鬼	▬ ▬	乙未金	沙中金
白虎	父母	▬ ▬	乙酉水	井泉水
螣蛇	子孫	▬ ▬ 世	乙亥火	山頭火

世豫：木

雷地豫（☳☷）

干支	爻	六親
庚戌	- -	妻財
庚申	- -	官鬼
庚午	— 應	子孫
乙卯	- -	兄弟
乙巳	- -	子孫
乙未	- - 世	妻財

17 隨：庚辰日
震宮歸魂

六獸	六親	爻	世應	納甲	納音
螣蛇	父母	⚋	應	丁未水	天河水
勾陳	子孫	⚊		丁酉火	山下火
朱雀	妻財	⚊		丁亥土	屋下土
青龍	妻財	⚋	世	庚午土	路旁土
玄武	官鬼	⚋		庚辰金	白蠟金
白虎	兄弟	⚊		庚寅木	松柏木

隨：木

澤雷隨（䷐）

納甲	爻	世應	六親
丁未	⚋	應	妻財
丁酉	⚊		官鬼
丁亥	⚊		父母
庚辰	⚋	世	妻財
庚寅	⚋		兄弟
庚子	⚊		父母

18 蠱：辛巳日 巽宮歸魂卦

山風蠱（☶☴）

丙寅	━━	應	兄弟
丙子	━ ━		父母
丙戌	━ ━		妻財
辛酉	━━	世	官鬼
辛亥	━━		父母
辛丑	━ ━		妻財

螣蛇	妻財	━━━━	應	丙辰土	沙中土
勾陳	子孫	━━ ━━		丙寅火	爐中火
朱雀	父母	━━ ━━		丙子水	澗下水
青龍	官鬼	━━━━	世	辛巳金	白蠟金
玄武	妻財	━━━━		辛未土	路旁土
白虎	兄弟	━━ ━━		辛酉木	石榴木

蠱：木

19 臨：壬午日 坤宮二世

六神	六親	爻	世應	納甲	納音
白虎	官鬼	▅▅ ▅▅		癸丑木	桑柘木
螣蛇	子孫	▅▅ ▅▅	應	癸卯金	金箔金
勾陳	妻財	▅▅ ▅▅		癸巳水	長流水
朱雀	妻財	▅▅ ▅▅		丁丑水	澗下水
青龍	父母	▅▅▅▅▅	世	丁卯火	爐中火
玄武	兄弟	▅▅▅▅▅		丁巳土	沙中土

臨：土

地澤臨（☷☱）

納甲	爻	世應	六親
癸酉	▅ ▅		子孫
癸亥	▅ ▅	應	妻財
癸丑	▅ ▅		兄弟
丁丑	▅ ▅		兄弟
丁卯	▅▅▅	世	官鬼
丁巳	▅▅▅		父母

20 觀：癸未日 乾宮四世卦

風地觀（䷓）

干支	爻	世應	六親
辛卯	⚊		妻財
辛巳	⚊		官鬼
辛未	⚋	世	父母
乙卯	⚋		妻財
乙巳	⚋		官鬼
乙未	⚋	應	父母

六神	六親	爻	世應	干支五行	納音
白虎	兄弟	⚊		辛亥金	釵釧金
螣蛇	父母	⚊		辛丑土	壁上土
勾陳	妻財	⚋	世	辛卯木	松柏木
朱雀	兄弟	⚋		乙未金	沙中金
青龍	子孫	⚋		乙酉水	井泉水
玄武	官鬼	⚋	應	乙亥火	山頭火

觀：金

21 噬嗑：甲申日 巽宮五世

火雷噬嗑（䷔）

己巳	⚊	子孫
己未	⚋ 世	妻財
己酉	⚊	官鬼
庚辰	⚋	妻財
庚寅	⚋ 應	兄弟
庚子	⚊	父母

玄武	妻財	⚊	己酉土	大驛土
白虎	兄弟	⚋ 世	己亥木	平地木
螣蛇	子孫	⚊	己丑火	劈靂火
勾陳	妻財	⚋	庚午土	路旁土
朱雀	官鬼	⚋ 應	庚辰金	白蠟金
青龍	兄弟	⚊	庚寅木	松柏木

噬嗑：木

22 賁：乙酉日 艮宮一世卦

山火賁（☶☲）

官鬼	━━	丙寅	
妻財	━ ━	丙子	
兄弟	━ ━ 應	丙戌	
妻財	━━	己亥	
兄弟	━ ━	己丑	
官鬼	━━ 世	己卯	

玄武	兄弟	━━━	丙辰土	沙中土
白虎	父母	━ ━	丙寅火	爐中火
螣蛇	妻財	━ ━ 應	丙子水	澗下水
勾陳	兄弟	━━━	己卯土	城頭土
朱雀	官鬼	━ ━	己巳木	大林木
青龍	父母	━━━ 世	己未火	天上火

世賁：土

23 剝：丙戌日 乾宮五世

山地剝（☶☷）

丙寅	▅▅▅		妻財
丙子	▅ ▅	世	子孫
丙戌	▅ ▅		父母
乙卯	▅ ▅		妻財
乙巳	▅ ▅	應	官鬼
乙未	▅ ▅		父母

青龍	父母	▅▅▅▅▅		丙辰土	沙中土
玄武	官鬼	▅▅ ▅▅	世	丙寅火	爐中火
白虎	子孫	▅▅ ▅▅		丙子水	澗下水
螣蛇	兄弟	▅▅ ▅▅		乙未金	沙中金
勾陳	子孫	▅▅ ▅▅	應	乙酉水	井泉水
朱雀	官鬼	▅▅ ▅▅		乙亥火	山頭火

剝：金

24 復：丁亥日 坤宮一世卦

地雷復（☷☳）

癸酉	⚋		子孫
癸亥	⚋		妻財
癸丑	⚋	應	兄弟
庚辰	⚋		兄弟
庚寅	⚋		官鬼
庚子	⚊	世	妻財

青龍	官鬼	⚋		癸丑木	桑柘木
玄武	子孫	⚋		癸卯金	金箔金
白虎	妻財	⚋	應	癸巳水	長流水
螣蛇	兄弟	⚋		庚午土	路旁土
勾陳	子孫	⚋		庚辰金	白蠟金
朱雀	官鬼	⚊	世	庚寅木	松柏木

復：土

25無妄：戊子日
巽宮四世卦

天雷無妄（☰☳）

地支	爻	六親
壬戌	⚊	妻財
壬申	⚊	官鬼
壬午	⚊ 世	子孫
庚辰	⚋	妻財
庚寅	⚋	兄弟
庚子	⚊ 應	父母

六獸	六親	爻	干支	納音
朱雀	父母	⚊	壬戌水	大海水
青龍	官鬼	⚊	壬申金	劍鋒金
玄武	兄弟	⚊ 世	壬午木	楊柳木
白虎	妻財	⚋	庚午土	路旁土
螣蛇	官鬼	⚋	庚辰金	白蠟金
勾陳	兄弟	⚊ 應	庚寅木	松柏木

無妄：木

26 大蓄：己丑日 艮宮二世卦

山天大蓄（☶☰）

丙寅	⚊		官鬼
丙子	⚋	應	妻財
丙戌	⚋		兄弟
甲辰	⚊		兄弟
甲寅	⚊	世	官鬼
甲子	⚊		妻財

勾陳	兄弟	⚊		丙辰土	沙中土
朱雀	父母	⚋	應	丙寅火	爐中火
青龍	妻財	⚋		丙子水	澗下水
玄武	父母	⚊		甲辰火	覆燈火
白虎	妻財	⚊	世	甲寅水	大溪水
騰蛇	子孫	⚊		甲子金	海中金

大蓄：土

27 頤：庚寅日 巽宮遊魂卦

山雷頤（☶☳）

丙寅	⚊		兄弟
丙子	⚋		父母
丙戌	⚋	世	妻財
庚辰	⚋		妻財
庚寅	⚋		兄弟
庚子	⚊	應	父母

騰蛇	妻財	⚊		丙辰土	沙中土
勾陳	子孫	⚋		丙寅火	爐中火
朱雀	父母	⚋	世	丙子水	澗下水
青龍	妻財	⚋		庚午土	路旁土
玄武	官鬼	⚋		庚辰金	白蠟金
白虎	兄弟	⚊	應	庚寅木	松柏木

應頤：木

28大過：辛丑日 震宮遊魂卦

澤風大過（☱☴）

丁未	⚋		妻財
丁酉	⚊		官鬼
丁亥	⚊	世	父母
辛酉	⚊		官鬼
辛亥	⚊		父母
辛丑	⚋	應	妻財

騰蛇	父母	⚋		丁未水	天河水
勾陳	子孫	⚊		丁酉火	山下火
朱雀	妻財	⚊	世	丁亥土	屋下土
青龍	官鬼	⚊		辛巳金	白蠟金
玄武	妻財	⚊		辛未土	路旁土
白虎	兄弟	⚋	應	辛酉木	石榴木

大過：木

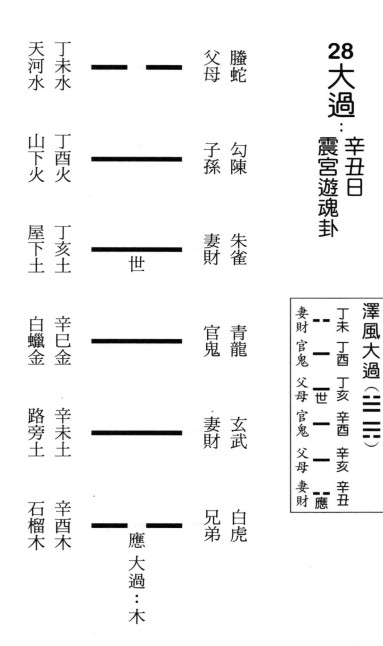

29 坎：壬寅日 坎宮本卦

六神	六親	爻	世應	干支	納音
白虎	官鬼	▬ ▬	世	戊寅土	城頭土
螣蛇	妻財	▬▬▬		戊子火	劈靂火
勾陳	子孫	▬ ▬		戊戌木	平地木
朱雀	官鬼	▬ ▬	應	戊申土	大驛土
青龍	妻財	▬▬▬		戊午火	天上火
玄武	子孫	▬ ▬		戊辰木	大林木

坎：水

坎為水（☵☵）

干支	爻	世應	六親
戊子	▬ ▬	世	兄弟
戊戌	▬▬▬		官鬼
戊申	▬ ▬		父母
戊午	▬ ▬	應	妻財
戊辰	▬▬▬		官鬼
戊寅	▬ ▬		子孫

30 離：癸卯日 離宮本卦

六神	六親	爻	世應	納甲	納音
白虎	子孫	▅▅▅▅▅	世	己酉土	大驛土
螣蛇	父母	▅▅　▅▅		己亥木	平地木
勾陳	兄弟	▅▅▅▅▅		己丑火	劈靂火
朱雀	子孫	▅▅▅▅▅	應	己卯土	城頭土
青龍	父母	▅▅　▅▅		己巳木	大林木
玄武	兄弟	▅▅▅▅▅		己未火	天上火

離：火

離為火（䷝）

納甲	爻	世應	六親
己巳	▅▅▅	世	兄弟
己未	▅ ▅		子孫
己酉	▅▅▅		妻財
己亥	▅▅▅	應	官鬼
己丑	▅ ▅		子孫
己卯	▅▅▅		父母

31 咸：甲辰日 兌宮三世卦

澤山咸（☱☶）

丁未	⚋	應	父母
丁酉	⚊		兄弟
丁亥	⚊		子孫
丙申	⚊	世	兄弟
丙午	⚋		官鬼
丙辰	⚋		父母

玄武	子孫	⚋	應	丁未水	天河水
白虎	官鬼	⚊		丁酉火	山下火
螣蛇	父母	⚊		丁亥土	屋下土
勾陳	父母	⚊	世	丙戌土	屋下土
朱雀	官鬼	⚋		丙申火	山下火
青龍	子孫	⚋		丙午水	天河水

咸：金

32 恆：乙巳日 震宮三世

雷風恆（☳☴）

庚戌	‑‑ 應	妻財
庚申	‑‑	官鬼
庚午	—	子孫
辛酉	— 世	官鬼
辛亥	—	父母
辛丑	‑‑	妻財

六獸	六親	爻	世應	納支	納音
玄武	妻財	▬ ▬	應	庚子土	壁上土
白虎	官鬼	▬ ▬		庚戌金	釵釧金
螣蛇	兄弟	▬▬▬		庚申木	石榴木
勾陳	官鬼	▬▬▬	世	辛巳金	白蠟金
朱雀	妻財	▬▬▬		辛未土	路旁土
青龍	兄弟	▬ ▬		辛酉木	石榴木

恆：木

33 遯：丙午日
乾宮二世

六神	六親	爻	干支	納音
青龍	子孫	⚊	壬戌水	大海水
玄武	兄弟	⚊ 應	壬申金	劍鋒金
白虎	妻財	⚊	壬午木	楊柳木
螣蛇	父母	⚊	丙戌土	屋下土
勾陳	官鬼	⚋ 世	丙申火	山下火
朱雀	子孫	⚋	丙午水	天河水

遯：金

天山遯（☰☶）

干支	爻	六親
壬戌	⚊	父母
壬申	⚊ 應	兄弟
壬午	⚊	官鬼
丙申	⚊	兄弟
丙午	⚋ 世	官鬼
丙辰	⚋	父母

34 大壯：丁未日 坤宮四世

青龍	兄弟	— —	庚子土	壁上土
玄武	子孫	— —	庚戌金	釵釧金
白虎	官鬼	——— 世	庚申木	石榴木
螣蛇	父母	———	甲辰火	覆燈火
勾陳	妻財	———	甲寅水	大溪水
朱雀	子孫	——— 應	甲子金	海中金

大壯：土

雷天大壯（☳☰）

庚戌	— —	兄弟	
庚申	— —	子孫	
庚午	———	父母	世
甲辰	———	兄弟	
甲寅	———	官鬼	
甲子	———	妻財	應

35 晉：戊申日 乾宮遊魂卦

六獸	六親	爻	世應	納甲	納音
朱雀	父母	⚊		己酉土	大驛土
青龍	妻財	⚋		己亥木	平地木
玄武	官鬼	⚊	世	己丑火	霹靂火
白虎	兄弟	⚋		乙未金	沙中金
螣蛇	子孫	⚋		乙酉水	井泉水
勾陳	官鬼	⚋	應	乙亥火	山頭火

晉：金

火地晉（☲☷）

納甲	爻	世應	六親
己巳	⚊		官鬼
己未	⚋		父母
己酉	⚊	世	兄弟
乙卯	⚋		妻財
乙巳	⚋		官鬼
乙未	⚋	應	父母

36明夷：己酉日 坎宮遊魂卦

地火明夷（☷☲）

六親	爻	世應	干支
父母	⚋		癸酉
兄弟	⚋		癸亥
官鬼	⚋	世	癸丑
兄弟	⚊		己亥
官鬼	⚋		己丑
子孫	⚊	應	己卯

六神	六親	爻	世應	干支	納音
勾陳	子孫	⚋		癸丑木	桑柘木
朱雀	父母	⚋		癸卯金	金箔金
青龍	兄弟	⚋	世	癸巳水	長流水
玄武	官鬼	⚊		己卯土	城頭土
白虎	子孫	⚋		己巳木	大林木
螣蛇	妻財	⚊	應	己未火	天上火

明夷：水

37 家人：庚戌日 巽宮二世卦

風火家人（☴☲）

辛卯	━━		兄弟
辛巳	━━	應	子孫
辛未	╍╍		妻財
己亥	━━		父母
己丑	╍╍	世	妻財
己卯	━━		兄弟

騰蛇	官鬼	━━━		辛亥金	釵釧金
勾陳	妻財	━━━	應	辛丑土	壁上土
朱雀	兄弟	━ ━		辛卯木	松柏木
青龍	妻財	━━━		己卯土	城頭土
玄武	兄弟	━ ━	世	己巳木	大林木
白虎	子孫	━━━		己未火	天上火

家人：木

38 睽：辛亥日 艮宮四世卦

六獸	六親	爻	世應	干支	納音
騰蛇	兄弟	▅▅▅		己酉土	大驛土
勾陳	官鬼	▅ ▅		己亥木	平地木
朱雀	父母	▅▅▅	世	己丑火	霹靂火
青龍	妻財	▅ ▅		丁丑水	澗下水
玄武	父母	▅▅▅		丁卯火	爐中火
白虎	兄弟	▅▅▅	應	丁巳土	沙中土

睽：土

火澤睽（䷥）

六親	爻	世應	干支
父母	▅▅▅		己巳
兄弟	▅ ▅		己未
子孫	▅▅▅	世	己酉
兄弟	▅ ▅		丁丑
官鬼	▅▅▅		丁卯
父母	▅▅▅	應	丁巳

39 蹇：壬子日 兌宮四世卦

白虎 妻財 ▅▅ ▅▅ 戊辰木 大林木

螣蛇 官鬼 ▅▅▅▅▅ 戊子火 霹靂火

勾陳 妻財 ▅▅ ▅▅ 世 戊戌木 平地木

朱雀 父母 ▅▅▅▅▅ 丙戌土 屋下土

青龍 官鬼 ▅▅ ▅▅ 丙申火 山下火

玄武 子孫 ▅▅ ▅▅ 應 丙午水 天河水

應蹇：金

水山蹇（䷦）

戊子	▅ ▅	子孫
戊戌	▅▅	父母
戊申	▅ ▅ 世	兄弟
丙申	▅▅	兄弟
丙午	▅ ▅	官鬼
丙辰	▅ ▅ 應	父母

40 解：癸丑日
震宮二世卦

六神	六親	爻	世應	納甲	納音
白虎	妻財	⚋		庚子土	壁上土
騰蛇	官鬼	⚋	應	庚戌金	釵釧金
勾陳	兄弟	⚊		庚申木	石榴木
朱雀	妻財	⚋		戊申土	大驛土
青龍	子孫	⚊	世	戊午火	天上火
玄武	兄弟	⚋		戊辰木	大林木

解：木

雷水解（䷧）

納甲	爻	世應	六親
庚戌	⚋		妻財
庚申	⚋	應	官鬼
庚午	⚊		子孫
戊午	⚋		子孫
戊辰	⚊	世	妻財
戊寅	⚋		兄弟

41 損：甲寅日 艮宮三世卦

六神	六親	爻	納甲	納音
玄武	兄弟	▅▅▅▅ 應	丙辰土	沙中土
白虎	父母	▅▅ ▅▅	丙寅火	爐中火
螣蛇	妻財	▅▅ ▅▅	丙子水	澗下水
勾陳	妻財	▅▅ ▅▅ 世	丁丑水	澗下水
朱雀	父母	▅▅▅▅	丁卯火	爐中火
青龍	兄弟	▅▅▅▅	丁巳土	沙中土

損：土

山澤損（䷨）

納甲	爻	六親
丙寅	▅▅ 應	官鬼
丙子	▅ ▅	妻財
丙戌	▅ ▅	兄弟
丁丑	▅ ▅ 世	兄弟
丁卯	▅▅	官鬼
丁巳	▅▅	父母

42 益：乙卯日 巽宮三世卦

玄武	官鬼	——— 應	辛亥金	釵釧金
白虎	妻財	———	辛丑土	壁上土
螣蛇	兄弟	— —	辛卯木	松柏木
勾陳	妻財	— — 世	庚午土	路旁土
朱雀	官鬼	— —	庚辰金	白蠟金
青龍	兄弟	———	庚寅木	松柏木

益：木

風雷益（☴☳）

辛卯	——— 應	兄弟
辛巳	———	子孫
辛未	— —	妻財
庚辰	— — 世	妻財
庚寅	— —	兄弟
庚子	———	父母

43 夬：丙辰日
坤卦五世卦

澤天夬（䷪）

丁未	- -		兄弟
丁酉	—	世	子孫
丁亥	—		妻財
甲辰	—		兄弟
甲寅	—	應	官鬼
甲子	—		妻財

青龍	妻財	- -		丁未水	天河水
玄武	父母	—	世	丁酉火	山下火
白虎	兄弟	—		丁亥土	屋下土
騰蛇	父母	—		甲辰火	覆燈火
勾陳	妻財	—	應	甲寅水	大溪水
朱雀	子孫	—		甲子金	海中金

夬：土

44 姤：丁巳日 乾宮一世卦

六獸	六親	爻	納甲	納音
青龍	子孫	⚊	壬戌水	大海水
玄武	兄弟	⚊	壬申金	劍鋒金
白虎	妻財	⚊ 應	壬午木	楊柳木
螣蛇	兄弟	⚊	辛巳金	白蠟金
勾陳	父母	⚊	辛未土	路旁土
朱雀	妻財	⚋ 世	辛酉木	石榴木

姤：金

天風姤（☰☴）

壬戌	⚊	父母
壬申	⚊	兄弟
壬午	⚊ 應	官鬼
辛酉	⚊	兄弟
辛亥	⚊	子孫
辛丑	⚋ 世	父母

45萃：戊午日 兌宮二世卦

朱雀	子孫	⚋		丁未水	天河水
青龍	官鬼	⚊	應	丁酉火	山下火
玄武	父母	⚊		丁亥土	屋下土
白虎	兄弟	⚋		乙未金	沙中金
螣蛇	子孫	⚋	世	乙酉水	井泉水
勾陳	官鬼	⚋		乙亥火	山頭火

萃：金

澤地萃（䷬）

丁未	⚋		父母
丁酉	⚊	應	兄弟
丁亥	⚊		子孫
乙卯	⚋		妻財
乙巳	⚋	世	官鬼
乙未	⚋		父母

46 升：己未日 震宮四世卦

地風升（☷☴）

地支	爻	六親
癸酉	⚋	官鬼
癸亥	⚋	父母
癸丑	⚋ 世	妻財
辛酉	⚊	官鬼
辛亥	⚊	父母
辛丑	⚋ 應	妻財

六獸	六親	爻	干支五行	納音
勾陳	兄弟	⚋	癸丑木	桑柘木
朱雀	官鬼	⚋	癸卯金	金箔金
青龍	父母	⚋ 世	癸巳水	長流水
玄武	官鬼	⚊	辛巳金	白蠟金
白虎	妻財	⚊	辛未土	路旁土
螣蛇	兄弟	⚋ 應	辛酉木	石榴木

應升：木

47 困：庚申日 兌宮一世卦

六神	六親	爻	納甲	納音
騰蛇	子孫	▬ ▬	丁未水	天河水
勾陳	官鬼	▬▬▬	丁酉火	山下火
朱雀	父母	▬▬▬ 應	丁亥土	屋下土
青龍	父母	▬ ▬	戊申土	大驛土
玄武	官鬼	▬▬▬	戊午火	天上火
白虎	妻財	▬ ▬ 世	戊辰木	大林木

世

困：金

澤水困（☱☵）

納甲	爻	六親
丁未	▬ ▬	父母
丁酉	▬▬▬	兄弟
丁亥	▬▬▬ 應	子孫
戊午	▬ ▬	官鬼
戊辰	▬▬▬	父母
戊寅	▬ ▬ 世	妻財

48 井：辛酉日 震宮五世卦

六神	六親	爻	世應	納甲	納音
螣蛇	妻財	▅▅ ▅▅		戊寅土	城頭土
勾陳	子孫	▅▅▅▅▅	世	戊子火	劈靂火
朱雀	兄弟	▅▅ ▅▅		戊戌木	平地木
青龍	官鬼	▅▅▅▅▅		辛巳金	白蠟金
玄武	妻財	▅▅▅▅▅	應	辛未土	路旁土
白虎	兄弟	▅▅ ▅▅		辛酉木	石榴木

井：木

水風井（☵☴）

納甲	爻	世應	六親
戊子	▅ ▅		父母
戊戌	▅▅▅	世	妻財
戊申	▅ ▅		官鬼
辛酉	▅▅▅		官鬼
辛亥	▅▅▅	應	父母
辛丑	▅ ▅		妻財

49革：壬戌日 坎宮四世卦

六神	六親	爻	納甲	納音
白虎	兄弟	⚋	丁未水	天河水
螣蛇	妻財	⚊	丁酉火	山下火
勾陳	官鬼	⚊ 世	丁亥土	屋下土
朱雀	官鬼	⚊	己卯土	城頭土
青龍	子孫	⚋	己巳木	大林木
玄武	妻財	⚊ 應	己未火	天上火

革：水

澤火革（䷰）

納甲	爻	六親
丁未	⚋	官鬼
丁酉	⚊	父母
丁亥	⚊ 世	兄弟
己亥	⚊	兄弟
己丑	⚋	官鬼
己卯	⚊ 應	子孫

50 鼎：癸亥日 離宮二世卦

六神	六親	爻	世應	干支	納音
白虎	子孫	▅▅▅		己酉土	大驛土
螣蛇	父母	▅ ▅	應	己亥木	平地木
勾陳	兄弟	▅▅▅		己丑火	劈靂火
朱雀	妻財	▅▅▅		辛巳金	白蠟金
青龍	子孫	▅▅▅	世	辛未土	路旁土
玄武	父母	▅ ▅		辛酉木	石榴木

鼎：火

火風鼎（☲☴）

六親	爻	干支
兄弟	▅▅▅	己巳
子孫	▅ ▅ 應	己未
妻財	▅▅▅	己酉
妻財	▅▅▅	辛酉
官鬼	▅▅▅ 世	辛亥
子孫	▅ ▅	辛丑

51 震：甲子日 震宮本卦

六神	六親	爻	世應	納甲	納音
玄武	妻財	▬ ▬	世	庚子土	壁上土
白虎	官鬼	▬ ▬		庚戌金	釵釧金
騰蛇	兄弟	▬▬▬		庚申木	石榴木
勾陳	妻財	▬ ▬	應	庚午土	路旁土
朱雀	官鬼	▬ ▬		庚辰金	白蠟金
青龍	兄弟	▬▬▬		庚寅木	松柏木

震：木

震為雷（䷲）

納甲	爻	世應	六親
庚戌	▬ ▬	世	妻財
庚申	▬ ▬		官鬼
庚午	▬▬▬		子孫
庚辰	▬ ▬	應	妻財
庚寅	▬ ▬		兄弟
庚子	▬▬▬		父母

52 艮：乙丑日 艮宮本卦

艮為山（䷳）

六親	爻	干支
官鬼	▅▅ 世	丙寅
妻財	▅ ▅	丙子
兄弟	▅ ▅	丙戌
子孫	▅▅ 應	丙申
父母	▅ ▅	丙午
兄弟	▅ ▅	丙辰

六神	六親	爻	世應	納甲	納音
玄武	兄弟	▅▅▅▅	世	丙辰土	沙中土
白虎	父母	▅▅ ▅▅		丙寅火	爐中火
螣蛇	妻財	▅▅ ▅▅		丙子水	澗下水
勾陳	兄弟	▅▅▅▅	應	丙戌土	屋下土
朱雀	父母	▅▅ ▅▅		丙申火	山下火
青龍	妻財	▅▅ ▅▅		丙午水	天河水

艮：土

53 漸：丙寅日 艮宮歸魂

青龍	子孫	⚊ 應	辛亥金	釵釧金
玄武	兄弟	⚊	辛丑土	壁上土
白虎	官鬼	⚋	辛卯木	松柏木
螣蛇	兄弟	⚊ 世	丙戌土	屋下土
勾陳	父母	⚋	丙申火	山下火
朱雀	妻財	⚋	丙午水	天河水

漸：土

風山漸（☴☶）

辛卯	⚊ 應	官鬼
辛巳	⚊	父母
辛未	⚋	兄弟
丙申	⚊ 世	子孫
丙午	⚋	父母
丙辰	⚋	兄弟

54 歸妹：丁卯日
兌宮歸魂卦

六神	六親	卦爻	世應	納支	納音
青龍	父母	⚋	應	庚子土	壁上土
玄武	兄弟	⚋		庚戌金	釵釧金
白虎	妻財	⚊		庚申木	石榴木
螣蛇	子孫	⚋	世	丁丑水	澗下水
勾陳	官鬼	⚊		丁卯火	爐中火
朱雀	父母	⚊		丁巳土	沙中土

歸妹：金

雷澤歸妹（☳☱）

納支	卦爻	世應	六親
庚戌	⚋	應	父母
庚申	⚋		兄弟
庚午	⚊		官鬼
丁丑	⚋	世	父母
丁卯	⚊		妻財
丁巳	⚊		官鬼

55 豐：戊辰日 坎宮五世卦

雷火豐（䷶）

庚戌	— —		官鬼
庚申	— —	世	父母
庚午	———		妻財
己亥	———		兄弟
己丑	— —	應	官鬼
己卯	———		子孫

朱雀	官鬼	— —		庚子土	壁上土
青龍	子孫	— —	世	庚戌金	釵釧木
玄武	子孫	———		庚申木	石榴木
白虎	官鬼	———		己卯土	城頭土
螣蛇	子孫	— —	應	己巳木	大林木
勾陳	父母	———		己未火	天上火

豐：水

56 旅：己巳日
離宮一世卦

六神	六親	爻	干支	納音
勾陳	子孫	▅▅▅▅▅	己酉土	大驛土
朱雀	父母	▅▅　▅▅	己亥木	平地木
青龍	兄弟	▅▅▅▅▅ 應	己丑火	劈靂火
玄武	妻財	▅▅▅▅▅	丙戌土	屋下土
白虎	父母	▅▅　▅▅	丙申火	山下火
螣蛇	子孫	▅▅　▅▅ 世	丙午水	天河水

旅：火

火山旅（☲☶）

干支	爻	六親
己巳	▅	兄弟
己未	▅ ▅	子孫
己酉	▅ 應	妻財
丙申	▅	妻財
丙午	▅ ▅	兄弟
丙辰	▅ ▅ 世	子孫

57 巽：庚午日 巽宮本卦

巽為風（☴☴）

辛卯	世	兄弟
辛巳	—	子孫
辛未	- -	妻財
辛酉	應	官鬼
辛亥	—	父母
辛丑	- -	妻財

六神	六親	爻	納甲	納音
騰蛇	官鬼	——— 世	辛亥金	釵釧金
勾陳	妻財	———	辛丑土	壁上土
朱雀	兄弟	— —	辛卯木	松柏木
青龍	官鬼	——— 應	辛巳金	白蠟金
玄武	妻財	———	辛未土	路旁土
白虎	兄弟	— —	辛酉木	石榴木

巽：木

58 兌：辛未日 兌宮本卦

兌為澤（䷹）

納甲	爻	六親
丁未	⚋ 世	父母
丁酉	⚊	兄弟
丁亥	⚊	子孫
丁丑	⚋ 應	父母
丁卯	⚊	妻財
丁巳	⚊	官鬼

六神	六親	爻	納甲	納音
螣蛇	子孫	⚋ 世	丁未水	天河水
勾陳	官鬼	⚊	丁酉火	山下火
朱雀	父母	⚊	丁亥土	屋下土
青龍	子孫	⚋ 應	丁丑水	澗下水
玄武	官鬼	⚊	丁卯火	爐中火
白虎	父母	⚊	丁巳土	沙中土

兌：金

59 渙：壬申日 離宮五世卦

六獸	六親	爻	世應	納支	納音
白虎	妻財	▅▅▅▅		辛亥金	釵釧金
螣蛇	子孫	▅▅▅▅	世	辛丑土	壁上土
勾陳	父母	▅ ▅		辛卯木	松柏木
朱雀	子孫	▅ ▅		戊申土	大驛土
青龍	兄弟	▅▅▅▅	應	戊午火	天上火
玄武	父母	▅ ▅		戊辰木	大林木

渙：火

風水渙（☴☵）

納支	爻	六親
辛卯	▅	父母
辛巳	▅ 世	兄弟
辛未	▪▪	子孫
戊午	▪▪	兄弟
戊辰	▅ 應	子孫
戊寅	▪▪	父母

60 節：癸酉日 坎宮一世卦

六神	六親	爻	干支	納音
白虎	官鬼	▬ ▬	戊寅土	城頭土
螣蛇	妻財	▬▬▬	戊子火	劈靂火
勾陳	子孫	▬ ▬ 應	戊戌木	平地木
朱雀	兄弟	▬ ▬	丁丑水	澗下水
青龍	妻財	▬▬▬	丁卯火	爐中火
玄武	官鬼	▬▬▬ 世	丁巳土	沙中土

節：水

水澤節（☵☱）

干支	爻	六親
戊子	▬ ▬	兄弟
戊戌	▬▬▬	官鬼
戊申	▬ ▬ 應	父母
丁丑	▬ ▬	官鬼
丁卯	▬▬▬	子孫
丁巳	▬▬▬ 世	妻財

61中孚：甲戌日 艮宮遊魂卦

風澤中孚（䷼）

辛卯	⚊		官鬼
辛巳	⚊		父母
辛未	⚋	世	兄弟
丁丑	⚋		兄弟
丁卯	⚊		官鬼
丁巳	⚊	應	父母

玄武	子孫	⚊		辛亥金	釵釧金
白虎	兄弟	⚊		辛丑土	壁上土
螣蛇	官鬼	⚋	世	辛卯木	松柏木
勾陳	妻財	⚋		丁丑水	澗下水
朱雀	父母	⚊		丁卯火	爐中火
青龍	兄弟	⚊	應	丁巳土	沙中土

中孚：土

62小過：乙亥日 兌宮遊魂卦

雷山小過（☳☶）

六親	爻	干支
父母	⚋	庚戌
兄弟	⚋	庚申
官鬼	⚊ 世	庚午
兄弟	⚊	丙申
官鬼	⚋	丙午
父母	⚋ 應	丙辰

六獸	六親	爻	世應	干支五行	納音
玄武	父母	⚋		庚子土	壁上土
白虎	兄弟	⚋		庚戌金	釵釧金
螣蛇	妻財	⚊	世	庚申木	石榴木
勾陳	父母	⚊		丙戌土	屋下土
朱雀	官鬼	⚋		丙申火	山下火
青龍	子孫	⚋	應	丙午水	天河水

小過：金

63既濟：丙子日 坎宮三世卦

六獸	六親	爻	世應	干支	納音
青龍	官鬼	— —	應	戊寅土	城頭土
玄武	妻財	——		戊子火	劈靂火
白虎	子孫	— —		戊戌木	平地木
螣蛇	官鬼	——	世	己卯土	城頭土
勾陳	子孫	— —		己巳木	大林木
朱雀	妻財	——		己未火	天上火

既濟：水

水火既濟（䷾）

干支	爻	世應	六親
戊子	— —	應	兄弟
戊戌	——		官鬼
戊申	— —		父母
己亥	——	世	兄弟
己丑	— —		官鬼
己卯	——		子孫

64未濟：丁丑日 離宮歸魂

六獸	六親	爻	世應	干支	納音
青龍	子孫	▅▅▅▅▅	應	己酉土	大驛土
玄武	父母	▅▅　▅▅		己亥木	平地木
白虎	兄弟	▅▅▅▅▅		己丑火	劈靂火
螣蛇	子孫	▅▅　▅▅	世	戊申土	大驛土
勾陳	兄弟	▅▅▅▅▅		戊午火	天上火
朱雀	父母	▅▅　▅▅		戊辰木	大林木

未濟：火

火水未濟（☲☵）

干支	爻	六親
己巳	▅ 應	兄弟
己未	▅ ▅	子孫
己酉	▅	妻財
戊午	▅ ▅ 世	兄弟
戊辰	▅	子孫
戊寅	▅ ▅	父母

七、納音古占斷卦法

起卦、裝卦完成之後，就要根據全部卦象開始判斷禍福吉凶。常言：起卦容易斷卦難。斷卦之所以難，出在斷卦要具備一些重要的斷卦術語，憑它仔細揣摩卦象，進行「反覆辨證」的分析，最後判斷禍福吉凶。只要這些術語常看常用，瞭解其含意，把握其用法，準確斷卦，當然也就運用自如。

現將斷卦必備而常用的基本術語，精簡說明之。在實際操作時的關鍵，不作煩瑣解釋，如有不足，可自行參閱卜筮古書《斷易天機》、《野鶴老人增刪卜易》、《卜筮正宗》……等等各書。

進神、退神

六爻地支若遇到動爻，就會有變化，化出變卦的一爻，就會產生原爻與動爻的地支不同，出現或「進」或「退」的情況，叫做進神、退神。

注意：只有動爻才論進神、退神。也只有十二地支中的寅申巳亥與辰戌丑未可論進神、退神，子午卯酉不論。依手掌十二地支順時針方位叫進神，逆時針叫退神。

例如寅化卯、申化酉、巳化午、亥化子是進神。反之，卯化寅、酉化申、午化巳、子化亥是退神。辰戌丑未四支依此類推。子午卯酉居四正孤旺之地，不論進神。

日建

六爻的地支與占卜當日的地支相同或相生，叫日建。日建很重要，神力最大，司一卦之主宰。所以，用神逢日建大吉。且日建不分春夏秋冬，四時皆吉。所以，六爻地支不可與卜卦當日的地支相沖，靜爻沖日支叫暗動，動爻沖日支叫日破，日破就好像月破一般，都是指動爻與卜卦的日月相沖。

簡單講：六爻與日月相生比旺叫日建、月建。

六爻與日月相沖叫月破、日破。日破若是靜爻又叫做暗動。

旺相休囚

是指卜卦問事的那個月份與卜出來的卦六爻之對應關係，注意只有月與爻才論旺相休囚。因為六爻地支代表1月到12月，即寅卯辰巳午未申酉戌亥代表1月2月3月4月5月6月7月8月9月10月11月12月。當這一爻地支與卜卦當月相同，叫月建或比旺。月支生爻支叫相生，簡稱相。月支剋爻支叫囚，爻支剋月支叫死。爻支生月支叫休。合起來就有旺、相、死、囚、休五種生剋關係。這種關係用月支與爻支的五行生剋決定。例如爻支是甲寅，屬木。月支也是寅，就算比旺，月支火，是休，月支土，是死，月支金，是囚，月支水，是相生。凡相生、比旺是吉，其它作凶論。

生旺墓絕

專指卜卦當日的干支與所得卦六爻干支的消長關係，特別注意跟卜卦的「月份」無關。還有要用到天干，不能只看地支。這一點，現行占卜書大多忽略了。只有納音古占卜保留六爻裝卦的天干，更方便判斷生旺墓絕。

十二長生是指：生、浴、冠、臨（祿）、旺、衰、病、死、墓、絕、胎、養。將木火土金水五行按照十二長生消長相配。（請參考手掌圖）

木：長生亥、浴子、冠丑、臨寅、旺卯、衰辰、病巳、死午、墓未、絕申、胎酉、養戌。

火：長生寅、浴卯、冠辰、臨巳、旺午、衰未、病申、死酉、墓戌、絕亥、胎子、養丑。

土：與水相同。

金：長生巳、浴午、冠未、臨申、旺酉、衰戌、病亥、死子、墓丑、絕寅、胎卯、養辰。

水：長生子、浴丑、冠寅、臨卯、旺辰、衰巳、病午、死未、墓申、絕酉、胎戌、養亥。

以上是只論六爻地支，不論六爻天干的裝卦法。換做納音古占法的裝卦，就不一樣。請參考本書「六十四卦納音裝卦圖」這一章，有六十四卦全部的納音天干地支裝卦。

月建

是指卜卦那天的月份地支與所得卦六爻的地支相同叫月建。三個月一季，四季一年，所以月建分春、夏、秋、冬四個季節，根據季節之氣的陰陽消長，對照六爻地支論五行生剋關係，就產生旺、相、死、囚、休五種現象。（請參考「旺相休囚」的說明）

用神、原神、仇神、忌神

是指占卜所得卦的六爻地支彼此之間五行之生剋關係。當占出一卦，定下用神之爻，這一爻的地支五行，與其它各爻的五行生剋，生用神的叫原神，剋用神的叫忌神，被用神剋的叫仇神，用神剋它，猶如仇視敵人，所以叫仇神。另一說用神生出來的叫閒神，其實用神生洩，神力已消洩，非吉，可不論。

月破、日破、暗動

卜卦日那個月的地支與所得卦六爻的地支產生「六沖」，叫月破。

如果是卜卦日的地支與所得卦六爻的地支產生「六沖」，叫日破。

日破的這一爻如果是靜爻叫暗動，如果是動爻，叫日破。

三刑

子刑卯：無禮之刑。

丑型戌刑未：恃勢之刑。

寅刑巳刑申：無恩之刑。

辰刑辰、午刑午、酉刑酉、亥刑亥：自刑。

三刑在八字算命應用較多，甚至還講到半刑，例如寅巳、巳申叫半刑。丑戌、戌未也是半刑。

火珠林卜卦常用寅巳申三刑，其它刑可不論。

動散

占出來的卦之六爻，如果有動爻，此動爻被卜卦當日的地支沖，叫沖散。被卜卦當日的那個月的地支沖，也叫沖散。合稱為「動散」。

旬空

十天干與十二地支相配，必定有2支配不到，這2支叫旬空。例如甲子、乙丑、丙寅、丁卯、戊辰、己巳、庚午、辛未、壬申、癸酉，十干十支配完，剩下戌、亥2支沒配到，戌亥這2支就是旬空。

其它八干照此方法，每一輪都可以找到2支旬空。

反吟、伏吟

卜出來的卦，如果有動爻，就會變出一爻，動爻與變爻一樣陰陽，叫伏吟。動爻與變爻不一樣陰陽，叫反吟。

根據六爻動變的「同」與「不同」，也可引申到此卦與彼卦、內卦與外卦之間的對應關係，凡是相同即是伏吟，不同即是反吟。

八純卦

又叫八經卦，是指《周易》八個基本卦，也是京房八宮卦，即：乾、兌、離、震、巽、坎、艮、坤等八卦。

遊魂卦、歸魂卦

〈安世應歌訣〉有一句「人遊歸」此句的遊即遊魂卦，歸即歸魂卦。也就是京房八宮卦從一世二世三世四世五世到第六世是遊魂，第七世是歸魂，第八世歸本宮。

四大困難卦

是指六十四卦的〈屯〉卦、〈坎〉卦、〈蹇〉卦、〈困〉卦，這四個卦都有不安、艱難、逆反的內涵象徵。

六合卦、六沖卦

是指泰、否、節、豫、復、困、需、賁、旅這八個卦。因為，這八卦的每一卦，六爻的地支，１４爻、２５爻、３６爻相對應都是地支六合，所以叫六合卦。

反之，八個經卦：乾、兌、離、震、巽、坎、艮、坤，加上無妄、大壯一共十個卦，這十卦的六爻地支都是相沖，所以叫六沖卦。

不過，須注意，這裡是指按照金錢卦的裝卦地支才會有的六沖六合現象。如果改用納音古占法裝卦，就不是這樣了。

三合爻

是指卜出來的卦，完成裝卦的六爻地支，含本卦六爻地支與變動的另一卦六爻地支，任何三個爻，有下列四種組合，就叫三合爻：

水：申子辰合水局。

火：寅午戌合火局。

木：亥卯未合木局。

金：巳酉丑合金局。

土：同水局。

世、應

根據〈世應歌訣〉裝卦，得出世爻與應爻。世與應之間的爻叫間爻。世爻、應爻有以下涵意：

1、世代表自己、應代表他人。

2、世象徵主觀、主體，應象徵客觀、客體。

3、世是主人，應是客人。

4、占自己，以世爻為用神。占與自己對應的它人、它事、它物，則應爻為用神。

5、占風水，世為主家，應為陰陽宅。

6、占買賣，世為賣家，應為買家。

貪生忘剋

裝卦排出來的六親彼此之間即有剋出剋入，與相生剋洩之複雜關係。例如用神火為兄弟，火生土子孫，火剋金妻財，要如何判斷是生或剋？如果用神旺相，喜貪生，忘剋洩，就叫貪生忘剋。六爻斷卦常見此情況，因為《周易》講生生不息之理，所以，六爻面臨生與剋兩種選擇時，貪生優先取用。

隨鬼入墓

用占卜當天日辰的十二生旺庫對應所得卦六爻的用神爻或主事爻，如果是官鬼爻遇到日辰的墓，就叫隨鬼入墓。例如官鬼爻五行是木，木絕在申，墓在未，如果占卜當天是未日，即屬之。

絕處逢生

用占卜當天日辰的十二生旺庫，對應所得卦的六爻五行。如果用爻五行坐絕，但生用爻的五行是日辰的生，就叫絕處逢生，此時用爻判吉。

有鬼有氣

占卦問事，須見六爻有官鬼，始能牽動事物的吉凶生剋關係，謂之有鬼有氣。只有在占問生產、出門旅遊時，始不喜見官鬼爻。

八、納音古占法實作示例

1、納音古占實作示範

一、首先，卜師坐北朝南，正襟危坐，雙手合十，默誦祈禱詞，然後起卦。

二、納音古占與金錢卦占起卦的步驟都是一樣，可用前述12種起卦方法的任何一種起卦。

三、起卦後，接著裝卦，裝卦後，寫明占問的月、時之干支，以及占問的事，要一事一問，更要簡明具體。

四、裝卦時，注意八卦納甲的地支起迄，與金錢卦不同，譬如八卦每一卦由下往上六爻納甲如下：

乾六爻納甲：甲子、甲寅、甲辰、壬午、壬申、壬戌。

震六爻納甲：庚寅、庚辰、庚午、庚申、庚戌、庚子。

坎六爻納甲：戊辰、戊午、戊申、戊戌、戊子、戊寅。

艮六爻納甲：丙午、丙申、丙戌、丙子、丙寅、丙辰。

坤六爻納甲：乙亥、乙酉、乙未、癸巳、癸卯、癸丑。

巽六爻納甲：辛酉、辛未、辛巳、辛卯、辛丑、辛亥。

離六爻納甲：己未、己巳、己卯、己丑、己亥、己酉。

兌六爻納甲：丁巳、丁卯、丁丑、丁亥、丁酉、丁未。

五、裝卦完成後，即是斷卦，常言起卦容易斷卦難。斷卦時，首先要把握時間，用爻、問事、三要，時間指月令、日辰，月令看四季的旺、相、休、囚與六爻用神的關係。爻看世爻、應爻，與用神爻。問事看問何事？把所問的事歸入六親的那一類，例如歸父母類，就按父母的生剋沖合關係，決定六爻那一爻為用神？

六、最後，根據前述斷卦術語，觀察卦象全面的時、爻、事，綜合研判吉凶與應期，也可在事後，補寫占卜驗證的結果。

七、今再以前述丙寅月乙丑日占得〈中孚〉卦為例，問遺失物可尋回否？

①占問失物，物是「錢財」之物，可歸屬六親的妻財爻，所以，就決定用神為妻財。再看妻財在〈中孚卦〉第三爻，是丁丑澗下水，凡澗下之水，細流隱藏，水弱而斷續或止，暗示失物必在深閉隱藏處，不易尋得，且此爻又居六神勾陳，象徵糾結猶如爛土纏身，由此推知失物必與「土」有關。

②接著，參考月令寅在初春，丙寅納音火，適與用神丁丑水相沖月破，用神無力。但占卜日乙丑納音金，來生用神，用神得救。日辰乃一卦之主，日辰生旺，則月破不破。失物當有機會尋得。

③話雖如此，全面看〈中孚〉卦象，兄弟兩現剋妻財，生財之子孫又遠在六爻之上，且逢玄武居之，必有爭執難明，即使勉強遠救，也只是釵釧薄金，遠水救不了近火。如此，用神受剋又不獲生助，加上用神丁丑水急生世爻，貪生忘剋，用神更加無力必矣！

④月令論旺相休囚，日辰看生旺墓絕。今據卜卦乙丑日納音金，金生於巳，臨申旺酉絕寅。應爻巳逢生，兄弟持之而不息，再剋用神妻財澗下涓滴之水，生土化水無痕，可知用神無力又無氣。

綜合以上多方面卦象辨證，失物無法找回。

按照前述〈中孚〉卦實作裝卦與斷卦的方法，立可看出納音古占與明清流行的金錢卦斷法有很多不同。下面再舉十二例各類問事的實占，以供研求參考。

2、納音古占基本九法

一、定用神。

二、看月令爻旺相，日辰爻強弱。

三、查旬空爻。

四、辨是否六合、六沖、遊魂、歸魂卦。
五、辨六爻六親之生剋。
六、比較六爻納音五行形象。
七、參動爻進神、退神。
八、推應期。
九、輔助卦辭爻辭。

占卜古法先據卦爻辭之吉凶，如有不合，再參之火珠林的裝卦，這一說法，尚保留在野鶴老人《天下第一卜》這本書書末所用〈雜說附〉。茲摘錄其中三則，皆提到此看法：

①胡雙湖所載漢晉至宋《雜記占驗》，及吳甘泉《元明占驗錄》，皆就彖辭爻辭直斷，應驗很準。後之占者，看到易辭符合所占之事，即不必拘泥裝卦六神吉凶，故習卜之功，首先須讀《周易》。

②《周易》全書雖卦名僅七十九字，而文義坦白，頗足決斷矣，何況又有三百八十四爻示之以變乎，故人苟積誠而筮，則神之告之，卦辭爻辭應合所問。

③所以，凡是看卦爻辭就可以斷卦的事，皆神鑒其誠而顯告之也，更不必揣摹臆度，別生論斷。如果卦辭爻辭不應所占之事，然後再取動變二爻各配生剋，以及長生

十二之宮，斷其休咎也。

3、納音古占十二例實作

(1)事由：占問風水

時間：甲午月庚申日，旬空：子、丑

得卦：咸卦

①卦爻辭解卦（白話解參考《易經原本原解》，頁六四）

䷞ 艮下兌上
咸。亨。利貞。取女吉。
初六。咸其拇。
六二。咸其腓。凶。居吉。
九三。咸其股。執其隨。往吝。
九四。貞吉。悔亡。憧憧往來。朋從爾思。
九五。咸其脢。無悔。
上六。咸其輔頰舌。

解法：咸卦是少男少女互相感應之卦，下卦為內為地為坐山，上卦為外為朝案。今見內為山，外為澤，乃坐山面向沼澤之穴，坐山有靠，前案有朝，山水有情，必屬吉地。所以，卦辭說「亨，利貞」意指凡事亨通順暢，暗示要能堅守正道，則吉。就像男女交心，天地感應一般。今既來龍入穴，山水有情，朝案拱護，自屬吉地，福人居之。

②金錢卦解（甲午月庚申日，空子丑）

父母	螣蛇	▬ ▬	應	未土
兄弟	勾陳	▬▬▬		酉金
子孫	朱雀	▬▬▬		亥水
兄弟	青龍	▬▬▬	世	申金
官鬼	玄武	▬ ▬		午火
父母	白虎	▬ ▬		辰土

兌宮三世卦
咸：金

解法：占風水，以世為穴，應為向，今見青龍持世日建，應又來生穴，可見朝案有情，螣蛇引路，允為吉地。世應之間為明堂，又見比旺相生為吉穴，勾陳所居廣野，必屬寬闊之明堂，而穴居三四爻中停之地，望之無煞，因為有兄子相生。又占風水官鬼宜靜不宜動，今又生助父母，無力剋穴，而本卦財爻潛伏亦不得出而生官鬼，是以藏風聚氣，四勢明現，當屬有德東家之吉地風水。

③納音古占法（甲午月庚申日，空子丑）

子孫	螣蛇	— —	應	丁未水	天河水
官鬼	勾陳	——		丁酉火	山下水
父母	朱雀	——		丁亥土	屋下土
父母	青龍	——	世	丙戌土	屋下土
官鬼	玄武	— —		丙申火	山下火
子孫	白虎	— —		丙午水	天河水

兌宮三世卦

咸：金

解法：尋葬地當以父母為用神，子孫為奉祀，今見青龍持世主屋下之土，應驗吉地在此。可惜世剋子孫，螣蛇引之無路，且又居天河之水，河漢遙遠，朝案隔在天邊，伸手不及，豈云富貴？再看本次占卦兩鬼一在明堂，一在穴下，暗示這塊吉穴可能早先有舊墳埋在地下後嗣未及奉祀，子剋官鬼。綜上而觀，地非己有，當另覓它處。不然，可能要請明師做功德擲筊請示，等待舊墳仙人允諾，始可行事。

(2)事由：占問今年運勢？

時間：乙巳月戊辰日，旬空：戌亥。

得卦：剝卦。

①卦爻辭解卦（白話解參考《易經原本原解》，頁四六）

䷖ 坤下艮上
剝。不利有攸往。
初六。剝牀以足。蔑貞。凶。
六二。剝牀以辨。蔑貞。凶。
六三。剝之。無咎。
六四。剝牀以膚。凶。
六五。貫魚。以宮人寵。無不利。
上九。碩果不食。君子得輿。小人剝廬。

解法：一看卦相，上沖下沖，上下皆六沖卦，即知今年歲運不吉。難怪〈剝〉卦卦辭直接講「不利有攸往」，意思是說不利於往前再盲目發展擴張，只宜安分守成，要明白事物有「消息盈虛」的道理，今年歲運不順，諸事不宜。剝的下一卦是〈復〉卦，即「一陽來復」之意，表明過了今年，未來逢新的一年，當可否極泰來，開始轉運之契機。

②金錢卦解（乙巳月戊辰日，空戌亥）

六神	六親	爻	世應	納甲	伏神
朱雀	妻財	▅▅▅		丙寅木	
青龍	子孫	▅ ▅	世	丙子水	← 伏申金兄弟
玄武	父母	▅ ▅		丙戌土	
白虎	妻財	▅ ▅		乙卯木	
螣蛇	官鬼	▅ ▅	應	乙巳火	
勾陳	父母	▅ ▅		乙未土	

乾宮五世卦
剝：金

解法：自問年運，以世爻為己，今見青龍持世，動化生兄，兄子相生本來即有助福德，可惜爻逢休囚，世應又相剋，本年諸事難期所望。尤其應爻官鬼居身，本年恐有血光意外之災，應爻又坐旺相，螣蛇再來叨擾，更加驚恐猶疑。所以，事故會有些複雜。

不過，今年小有財運，因為本卦妻財兩現，寅財長生，而卯財又進祿，寅卯再與辰日三會木財，財星更旺。雖然，不免朱雀口舌之爭，得財不易，須要有一番周折，仍然要小心提防財多所帶來的負面之傷害，因為卯財恰逢白虎居身。

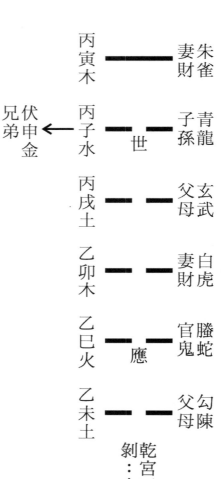

③納音古占法（乙巳月戊辰日，空戌亥）

六親	六神	爻	世應	干支	納音	伏神
父母	朱雀	▅▅▅▅		丙辰土	沙中土	
官鬼	青龍	▅ ▅	世	丙寅火	爐中火	
子孫	玄武	▅ ▅		丙子水	澗下水	← 伏壬午木 楊柳木 妻財
兄弟	白虎	▅ ▅		乙未金	沙中金	
子孫	螣蛇	▅ ▅	應	乙酉水	井泉水	
官鬼	勾陳	▅ ▅		乙亥火	山頭火	

乾宮五世卦
剝：金

解法：占一年運勢，以世為主，應為外在客觀形勢，喜子孫爻為福神，財福相生，忌官鬼旺動而生是非。今見應爻子孫剋官鬼，明示本卦是以客觀局勢為主導，有趨吉避凶之象。應爻酉孫合辰日兄弟，再生子孫，而兩官鬼受剋無力。子旺生財，財爻楊柳木堅硬強韌潛伏澗下，待水滋潤，財福相生，看來運勢不壞，待到4月5月6月三會火，財爻應期而至，必在此三個月內大發。

本卦雖然上九爻有父母呱呱雀噪，但終究是沙中之土，薄弱輕疏，再合應爻金

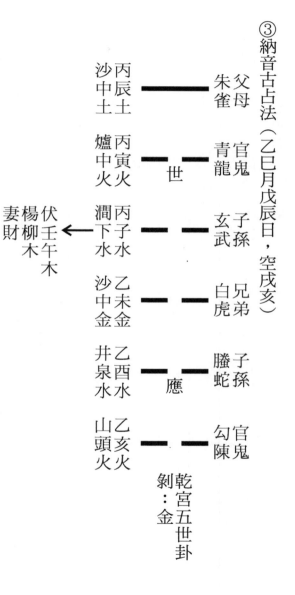

兄生子，子孫無慮遭剋，福神更加悠然矣！

⑶事由：占問陽宅吉凶？

時間：丁亥月戊午日，旬空：子丑。

得卦：比卦，三爻變蹇。

①卦爻辭解卦：（白話解參考《易經原本原解》，頁一一六）

䷇ 坤下坎上
比。吉。原筮元永貞。無咎。不寧方來。後夫凶。
初六。有孚比之。無咎。有孚盈缶。終來有他吉。
六二。比之自內。貞吉。
六三。比之匪人。
六四。外比之。貞吉。
九五。顯比。王用三驅。失前禽。邑人不誡吉。
上六。比之無首。凶。

解法：〈比〉卦講述主客「比附」要有真心相感才能得吉，應用在陽宅風水的占問，就表明宅穴與主家要相生相應，才算好風水。

今見〈比〉卦卦象上坎為水，下坤為地，風水大地，恰恰正是平洋之龍惟看水，平洋一凸是為龍的道理。今占此卦〈比〉六三爻獨動，爻辭正在警惕吉人宅相的配合。所以說「比之」，意思是宅命與本命要互相比附相合，才是好風水。否則，就是「匪人」，意指不吉之人，因為宅相與人命不能相符，必然不是好宅穴。

②金錢卦解（丁亥月戊午日，丑子空）

六神	六親	納甲	比	世應		蹇	
朱雀	妻財	戊子水	⚋	應		⚋	
青龍	兄弟	戊戌土	⚊			⚊	
玄武	子孫	戊申金	⚋			⚋	
白虎	官鬼	乙卯木	⚋	世	→子孫	⚊	丙申金
螣蛇	父母	乙巳火	⚋			⚋	午
勾陳	兄弟	乙未土	⚋			⚋	辰

坤宮歸魂卦
比：土

蹇

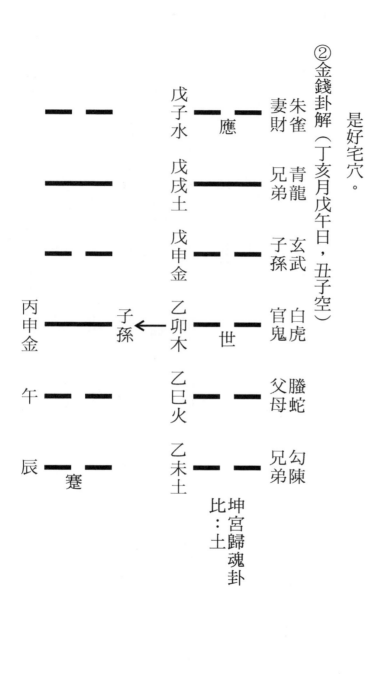

解法：凡占陽宅，內卦為宅，外卦為人，內外合吉，沖凶。今見內外不只是土剋水沖，且本宮卦也是六沖卦，沖逢沖，凶之又凶，暗示仙命與人命不合。又占陽宅，喜子孫福財應世，忌印綬剋子，今見父母爻三合世爻日建，火旺無比，申金受剋，子孫無福，兩兄爻又自刑，父母爻月破動出伺機再剋子孫，果於亥年亥月遇煞，天道地運之驗也。

又陽宅官鬼居三爻主兄弟，動化子孫回頭反剋官鬼，兄再受傷，子孫益孤無生氣，主家所居宅難再興矣！

③納音古占法（丁亥月戊午日，丑子空）

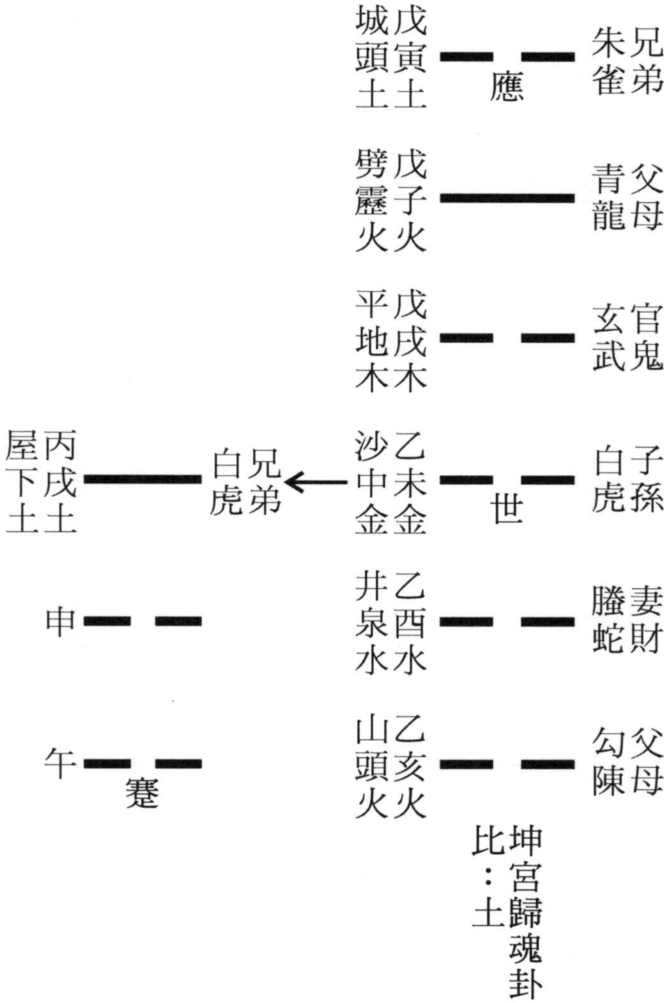

解法：應生世，兄生子，子孫持世，動化兄又反生世，所以本卦子孫爻旺，占陽宅得福。雖然本宮卦逢六沖，必是宅本身之坐山立向有誤，或者開門法不對，經過裁剪，當有轉吉之機。

今見官鬼居玄武在六四爻，必是門向明堂見煞，有平地枯木或形煞侵射，今查

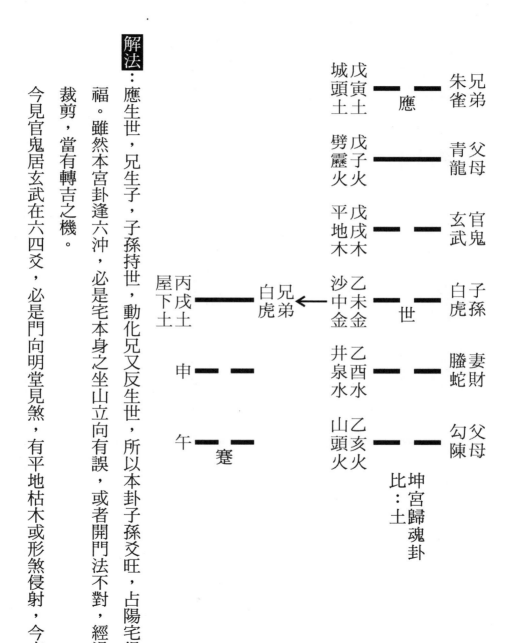

門開錯北方。案坤卦居宅，宜開中門，不犯三曜劫煞，是為吉宅。曜方出煞，有待名師做遮障處理以避凶邪。

⑷事由：占問開店成敗？

時間：戊午月丙子日，旬空：申酉。

得卦：大壯卦變巽卦。

①卦爻辭解卦：（白話解參考《易經原本原解》，頁七〇）

䷡ 乾下震上

大壯。利貞。

初九。壯于趾。征凶。有孚。

九二。貞吉。

九三。小人用壯。君子用罔。貞厲。羝羊觸藩。羸其角。

九四。貞吉悔亡。藩決不羸。壯于大輿之輹。

六五。喪羊于易。無悔。

上六。羝羊觸藩。不能退。不能遂。無攸利。艱則吉。

解法：六沖卦動化六沖卦，卦象又是金剋木，斷定絕不會是有利，必屬破財。所以，卦辭明講「利貞」，是說逞強壯大，不加深思熟慮，貿然開店的結果，勢必有凶。只有小心翼翼，從長計議，不可躁進，才有機會獲利。

此卦四爻變，用神爻須看本卦不變的二爻取下爻，即九二，此爻爻辭就明明白白告訴你要「貞吉」，意思是說只有小心再小心，不要盲目躁進，堅守正道才有可能獲吉利。

②金錢卦解（戊午月丙子日，空申酉）

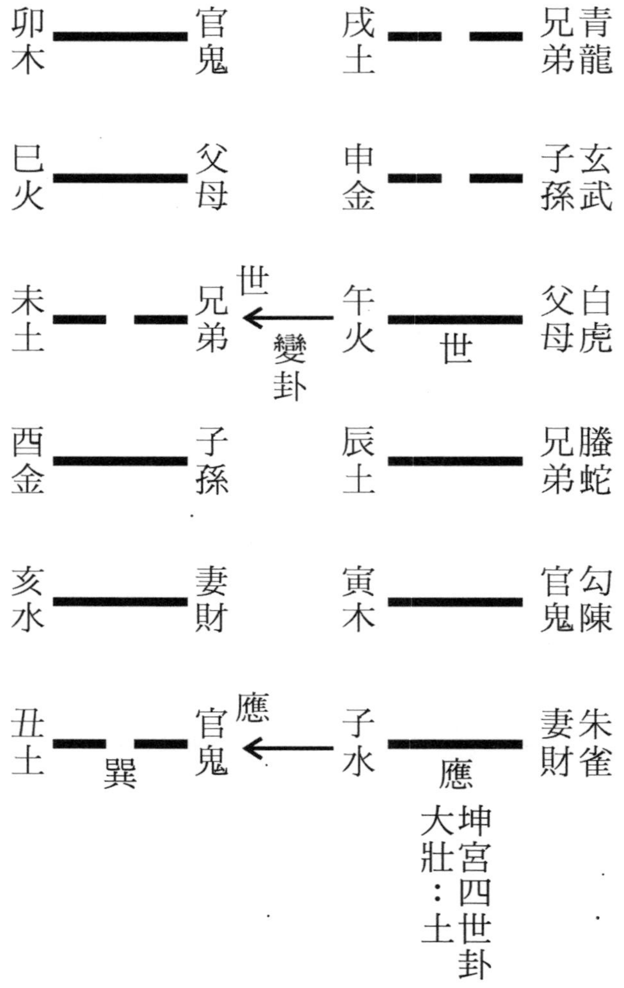

解法：本卦六沖變六沖，大凶可知。然而初看全卦寅午戌三合火，合世，而旺，世又逢月建，看似大有可為。然而占開張店肆，以財爻為主，福德為憑，應爻為伙伴，世應皆宜靜。今見本卦世逢日破又旺相而動，且動化兄弟剋財。應爻亦逢月破，動化官鬼再剋兄，兄子財申子辰三合水旺，卻與世爻六沖，由此可見卦象滿盤沖剋，福德無力助財，申金子孫又逢空，當然開店不成。

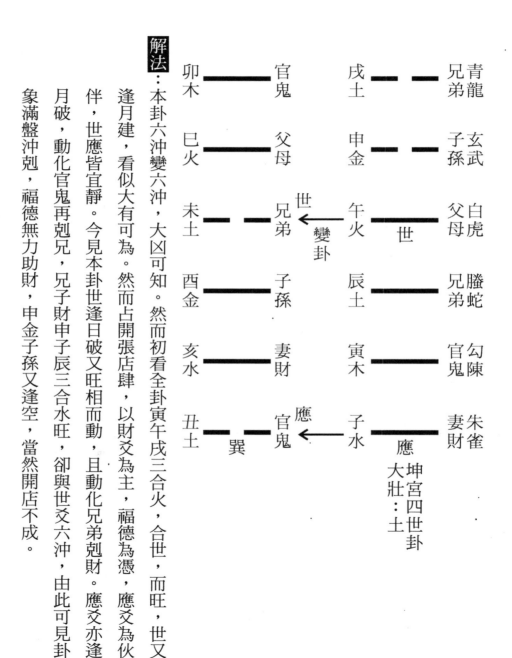

③納音古占法（戊午月丙子日，空申酉）

六親	六獸	本卦	納甲	納音	變爻	變卦	納甲	納音
兄弟	青龍	▅ ▅	庚子土	壁上土		▅▅▅	辛亥金	釵釧金
子孫	玄武	▅ ▅	庚戌金	釵釧金		▅▅▅	辛丑土	壁上土
官鬼	白虎	▅▅▅ 世	庚申木	石榴木	←官鬼	▅ ▅	辛卯木	松柏木
父母	騰蛇	▅▅▅	甲辰火	覆燈火		▅▅▅		
妻財	勾陳	▅▅▅	甲寅水	大溪水		▅▅▅		
子孫	朱雀	▅▅▅ 應	甲子金	海中金	←官鬼	▅ ▅ 巽	辛酉木	石榴木

坤宮四世卦

大壯：土

解法：開店生財，將本贏利，財官宜動。今見本卦官鬼持世，雖然逢空，但是動化官鬼月破，沖空不空。應爻子孫月破又動化官鬼，無力反剋。妻財爻逢大溪水，財源如水流，財官相輔。釵釧金與海中金子孫爻兩見再生財源，全卦卦象一片

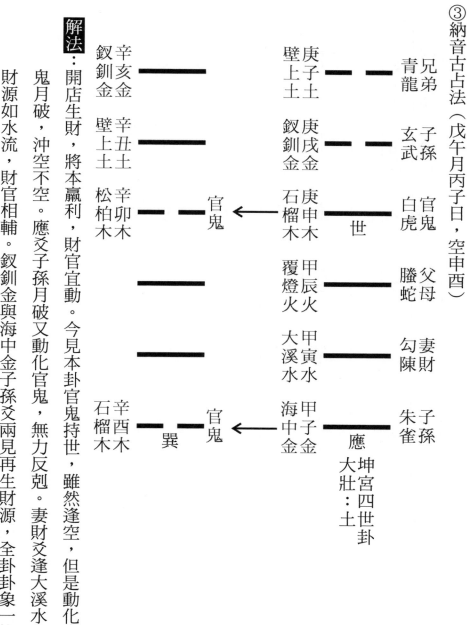

利多金滿，貨財暢通，交易絡繹不絕之前景。福神來助，石榴硬挺，一幅開店大吉之象。

再看父母爻騰蛇驚嚇猶疑，又遭妻財沖剋，官雖動卻無洩力之憂，財官相輔，子又生財，順行得利，其機可期。

(5)事由：宮廟改坐山立向可否？

時間：癸卯月丙寅日。旬空：戌亥。

得卦：豫。

①卦爻辭解卦：（白話解參考《易經原本原解》，頁三三一）

☷☳ 坤下震上
豫。利建侯行師。
初六。鳴豫。凶。
六二。介于石。不終日。貞吉。
六三。盱豫悔。遲有悔。
九四。由豫。大有得。勿疑。朋盍簪。
六五。貞疾。恆不死。
上六。冥豫。成有渝。無咎。

解法：這卦是問宮廟現址要改坐山立向，當以世爻為用神，世爻初爻，應爻第四爻。初爻說鳴豫，意思是說宮廟住持想要宮廟香火更旺，讓更多信徒知道，踴躍來參拜。這想法可行與否？對不對，尚且不能確定。凶字是預示警告。

如果，應在第四爻，就直接暗示要「由豫」，意思是要看眾信徒們的「志同道合」是否一致？如果大家全力支持，彼此沒有猜疑，那就大可成功。盍簪就是指志同道合的人聚在一起，盍是聚合，簪是髮簪，用來聚束頭髮，象徵聚集。

以上由世應兩爻的爻辭涵義，已可知宮廟改坐山立向這件事成不成？取決於眾信徒們是否有一致的想法支持。廟方住持不可獨斷，而是要讓信眾知道改坐山立向的理由，以及風水考量。大家同心協力，須待時機整合。

②金錢卦解（癸卯月丙寅日，旬空戌亥）

六神	六親	爻	納支	世應
青龍	妻財	⚋	戌土	豫
玄武	官鬼	⚋	申金	
白虎	子孫	⚊	午火	應
螣蛇	兄弟	⚋	卯木	
勾陳	子孫	⚋	巳火	
朱雀	妻財	⚋	未土	世

震宮一世卦

豫：木

解法：卦象明顯看到父母爻隱伏不現又逢空，也就說住持一開始並沒有什麼想法或動念要改宮廟的坐山立向，而是少數一二信徒有此意圖，但又缺錢，籌不夠資金促成此事。所以，全卦子孫爻兩現，妻財爻也兩現，將坐山立向之事，導向信徒與資金的因素關鍵，而不是神尊與住持的意圖。

因為官鬼申金逢日破，且玄武居之，暗示此事不容易圓滿，必然會有爭執。而申金又坐絕於寅日，官鬼逢沖坐絕，看來神尊並無意念改動。

即使信徒子孫爻應世，卻遇白虎，乃多事之秋。世應雖合，卻又是朱雀伏現，紛擾不已。看來此事時機未孰，神尊住持未主動，諸事暫休，東風不來。也就是說還要等待時機，目前不宜。

③納音古占法（癸卯月丙寅日，旬空戌亥）

青龍	妻財	▅▅ ▅▅	庚子土	壁上土
玄武	官鬼	▅▅ ▅▅	庚戌金	釵釧金
白虎	兄弟	▅▅▅▅▅ 應	庚申木	石榴木
螣蛇	官鬼	▅▅ ▅▅	乙未金	沙中金
勾陳	父母	▅▅ ▅▅	乙酉水	井泉水
朱雀	子孫	▅▅ ▅▅ 世	乙亥火	山頭火

震宮一世卦
豫：木

解法：卦象明顯看到信徒們意見不一，有的極力支持，有的反對起疑，而住持（父母爻）頗為難決，陷入膠著如土地勾陳泥沼中。但神明本身官鬼爻兩現，表明神尊意願不弱，雖然第五爻官鬼逢空，但第三爻官鬼未與三刑牽連，螣蛇又居其位，可說是亦驚亦喜。

關鍵在子孫持世，卻有朱雀臨之，可見信徒七嘴八舌。但世爻山頭火，昭然可揭，光明大放，有明燈指引，亥爻雖逢空，卻六合值日，合實不空。信徒愈來愈多認同此事，大有聚集整合之趨勢。只待時機一來，形勢可靠，自可水到渠成。目前應爻兄弟洩世，又有白虎添痲煩，紛爭如石榴木堅硬不消，庚申逢日破，加上天尅地沖。須待巳申合父，乙庚天比之明年4月應期，始克有成。

⑹事由：問天氣陰晴風雨？

時間：癸酉月庚辰日，旬空：申酉。

得卦：噬嗑卦，初爻動。

①卦爻辭解卦：（白話解參考《易經原本原解》，頁四二一）

☲☳ 噬嗑。亨。利用獄。 離上震下
初九。履校滅趾。無咎。
六二。噬膚滅鼻。無咎。
六三。噬腊肉。遇毒。小吝。无咎。
九四。噬乾胏。得金矢。利艱貞。吉。
六五。噬乾肉。得黃金。貞厲。無咎。
上九。何校滅耳。凶。

解法：卦象噬嗑，描寫罪犯戴刑具由輕慢慢加重的過程，引申到天氣的現象，暗示陰晴正處於不定之時刻，頗似「密雲不雨」之狀況，要看後續的發展，可能隨時會有變化。

上卦為☲火，表示太陽高照的一日，下卦☳雷已知後半日氣候有變，雷鳴風起，必然下雨。又本卦初爻獨動，變化狀況極為明顯，取「獨發」初爻為用神。初爻寫到「履校」是說開始戴上刑具，「滅趾」是指戴著腳銬之類的刑

具，不良於行，暗示天氣不可能再一直放晴下去，遲滯猶疑，象徵烏雲密佈，

天空一片混濁之狀，下一刻即將下雨。

②金錢卦解（癸酉月庚辰日，空申酉）

六神	六親	地支	本卦	世應		變卦	變爻
騰蛇	子孫	巳火	▅▅▅				
勾陳	妻財	未土	▅ ▅	世			
朱雀	官鬼	酉金	▅▅▅				
青龍	妻財	辰土	▅ ▅			▅ ▅	
玄武	兄弟	寅木	▅ ▅	應		▅ ▅	
白虎	父母	子水	▅▅▅		←	▅ ▅	妻財 未土

巽宮五世卦

噬嗑：木

解法：全卦五行皆備，六親齊全，故而陰晴風雨皆有可能。今據世應觀之，應爻兄弟主風雲反剋妻財，看似天晴無望，可能變天。所幸應爻自坐絕地，乏力反剋。子孫爻主晴，高居天上，又逢生旺，一則可剋暴風官鬼，二則福神助財，子孫財爻相生，大大有力主導了陽光普照、晴空萬里之天候。

此時，最怕父母動化生雨，幸得辰土妻財化動反剋。再看官印本可相配，無奈此爻官鬼雖月建卻逢空不實，無力再起風雲，天氣不致惡劣。要等待卯木沖空而出，天氣才會有變。全卦至此可看出以子孫晴爻為主宰，預示本日氣候主晴的徵兆。

③納音古占法（癸酉月庚辰日，空申酉）

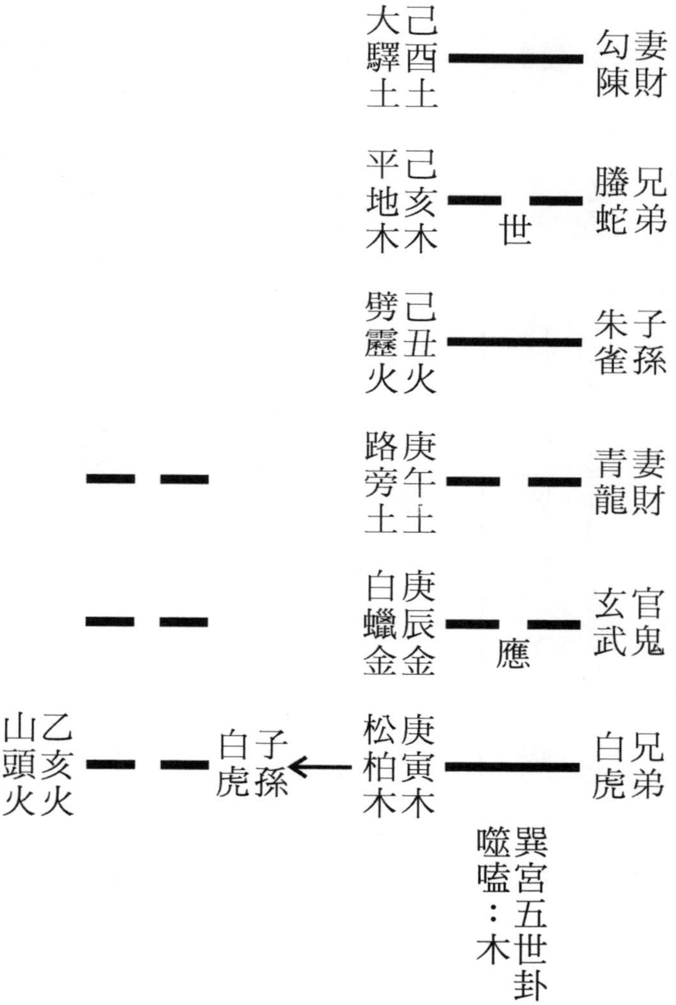

解法：占天氣，子孫爻主晴。占卦遇獨發獨靜為用神，今初爻兄弟動化生子孫，天晴必然。且山頭火，明亮映天，晴空鮮明。

又全卦父母爻隱伏不出，福神無慮。兄弟爻兩木兩現助生，木直升天，必然是好天氣。

(7)事由：占問婚姻可成否？
時間：庚子月癸酉日，旬空戌亥。
得卦：恆卦，六爻變鼎卦。
①卦爻辭解卦：（白話解參考《易經原本原解》，頁六六）

䷟ 巽下震上
恆。亨。無咎。利貞。利有攸往。
初六。浚恆。貞凶。無攸利。
九二。悔亡。
九三。不恆其德。或承之羞。貞吝。
九四。田無禽。
六五。恆其德貞。婦人吉。夫子凶。
上六。振恆。凶。

解法：〈恆〉卦本來就是講夫婦恆久之道，上承〈咸〉卦少男少女之感應而來，男女有了感應，日久益深，進而相愛結婚成家，本來就是極自然不過之事。有了家，自然要協力共心，事通家通，夫婦二人合力經營一家之福，百首偕老，當

然就是〈恆〉卦主體精神。所以，占婚姻而得〈恆〉卦無不吉。何況此卦三陽對三陰，陰陽兩兩正應，卦象上卦長男下卦長女，男女合婚，所以〈恆〉卦卦辭說「亨」又說「無咎」。意指，上下感應，必然亨通，沒有過錯。再看上六爻獨發，爻辭警告若是不守恆道，必然大凶。可見，占問婚姻得〈恆〉卦，若能白首偕老，始終如一，必吉。

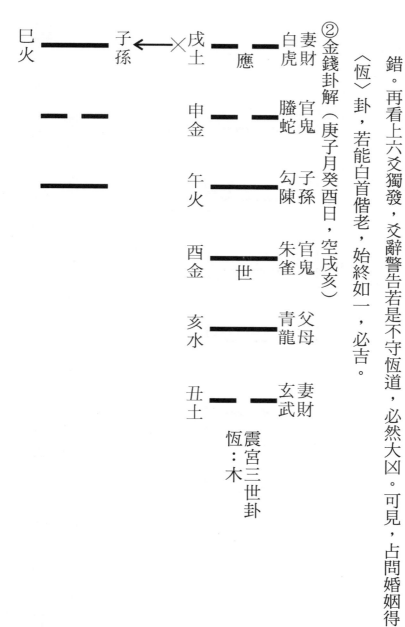

②金錢卦解（庚子月癸酉日，空戌亥）

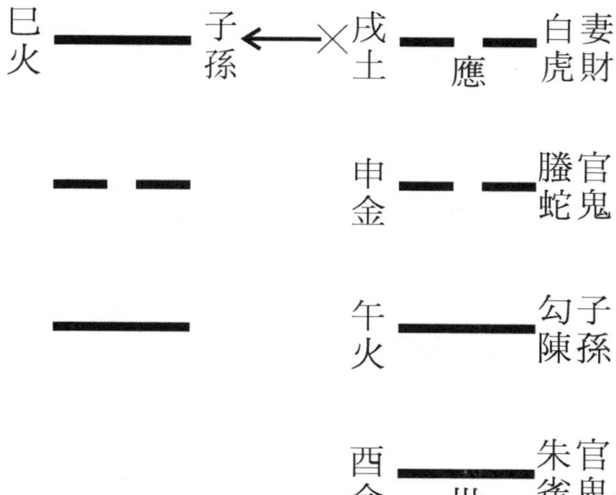

解法：世為夫，應為妻，世應相生，官星又日建且臨祿。應雖空，但逢動而不空，且動化子孫生財，加上本卦已有兩財，可見妻星得黨有勢，父母爻又逢空，財不至於貪剋而能守。總合而觀，此次占問得吉，允婚可行。另外，本卦伏兄弟爻，財亦無慮遭劫，妻星更加恆穩。

③納音古占法（庚子月癸酉日，空戌亥）

六親	六神	爻	世應	干支	納音	變爻
妻財	白虎	▅ ▅	應	庚子土	壁上土	→ 白虎 妻財 ▅▅▅ 己酉土 大驛土
官鬼	螣蛇	▅ ▅		庚戌金	釵釧金	▅ ▅
兄弟	勾陳	▅▅▅		庚申木	石榴木	▅▅▅
官鬼	朱雀	▅▅▅	世	辛巳金	白蠟金	
妻財	青龍	▅▅▅		辛未土	路旁土	
兄弟	玄武	▅ ▅		辛酉木	石榴木	

震宮三世卦

恆：木

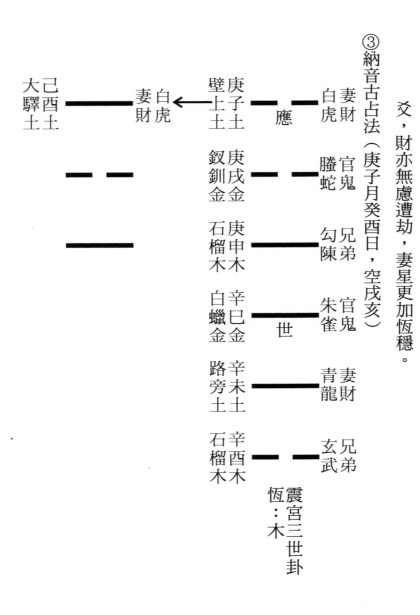

解法：占婚姻，妻財為用神，財動化財，且又當令，旺動化財，財居大驛土，象徵廣土益眾。坤土以厚德載物，坤又為母，足徵妻財爻旺，今見本卦又妻財爻兩現，比旺生土，必吉。

再看兄弟爻雖亦兩現，且居石榴木，堅韌硬挺，剋財似為有力。可惜官鬼兩現拘之又傷之，兄弟爭持如玄武，或者遲赴拖延如勾陳，遭剋而無力必然。而本卦父母爻又伏而不出，妻財無貪剋之憂，穩居其位，婚姻可成。

(8)事由：占問選擇大學科系何系？

時間：辛酉月丙子日，旬空：申酉。

得卦：觀卦變益卦，動爻：初爻。

①卦爻辭解卦：（白話解參考《易經原本原解》，頁四〇）

䷓ 坤下巽上
觀。盥而不薦。有孚顒若。
初六。童觀。小人無咎。君子吝。
六二。闚觀。利女貞。
六三。觀我生。進退。
六四。觀國之光。利用賓于王。
九五。觀我生。君子無咎。
上九。觀其生。君子無咎。

解法：〈觀〉卦是描述一陣風吹過大地，在大地遊行，暗示人事上是「旅遊」的職業，適合選擇觀光旅遊系的學科，或者從事國際交流、貿易往來的科系，像外交系、國貿系之類。因為，這種科系講究「跨界」，注重觀察訪視，瞭解彼我，進行國內外並觀，異國風俗民情分析比較的知識。

所以，本卦初爻獨發，爻辭「童觀」是指不要像小孩子一般眼光，宅在家裡，是很難成就大事業。所以，爻辭警惕君子不要學小人的短視與行徑，要有寬闊心胸，海內外存知己的抱負，如此必然可以「無咎」，意指沒有過錯。

②金錢卦解（辛酉月丙子日，空申酉）

青龍	妻財	▅▅▅		辛卯木			
玄武	官鬼	▅▅▅		辛巳火			
白虎	父母	▅ ▅	世	辛未土			
螣蛇	妻財	▅ ▅		乙卯木			
勾陳	官鬼	▅ ▅		乙巳火			
朱雀	父母	▅ ▅	應	乙未土	→ 子孫	▅▅▅ 益	庚子水

乾宮四世卦

觀：金

解法：全卦官鬼獨旺，世應父母比和，官生印，初爻獨發動化，子孫逢日建生財，財又生官。而本卦伏兄，雖然乙木臨祿雜螣蛇虛驚，不用怕財爻受剋，財能生官。所以，官爻獨發而旺，必選財稅、經濟、國貿、銀行，以及政治、行政等政商學院科系為佳。

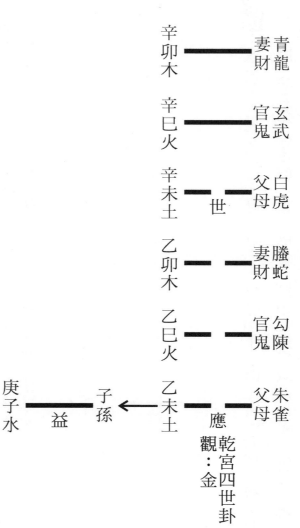

③納音古占法（辛酉月丙子日，酉申空）

官鬼	兄弟	▅▅▅		辛亥金	釵釧金	
妻財	父母	▅▅▅		辛丑土	壁上土	
妻財	白虎	▅ ▅	世	辛卯木	松柏木	
兄弟	螣蛇	▅ ▅		乙未金	沙中金	
子孫	勾陳	▅ ▅		乙酉水	井泉水	
官鬼	朱雀	▅ ▅	應	乙亥火	山頭火	→ 妻財 朱雀 ▅▅▅ 益 庚寅木 松柏木

乾宮四世卦

觀：金

解法：選科系，世為自己，應為選項，世應相生，財生官，看似可行。然世爻月破，應爻又動化合妻財，世空應合，則不宜選擇政商科系。今見父母爻合日，兄弟兩現，釵釧金加上沙中金，金水又相生，卦象顯示印比食順行為吉。印綬高

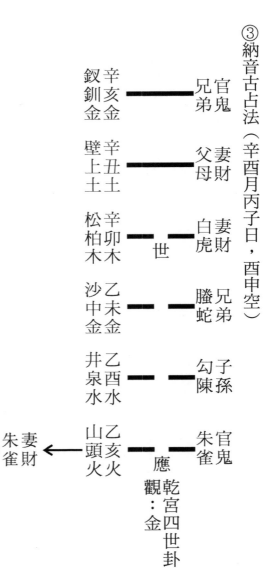

照，較適合文史、技藝、藝術類等科系。

(9)事由：占問出國旅遊平安否？

時間：庚子月乙巳日，旬空：寅卯。

得卦：豐卦。

①卦爻辭解卦：（白話解參考《易經原本原解》，頁一一二）

䷶ 離下震上
豐。亨。王假之。勿憂。宜日中。
初九。遇其配主。雖旬無咎。往有尚。
六二。豐其蔀。日中見斗。往得疑疾。有孚發若。吉。
九三。豐其沛。日中見沬。折其右肱。無咎。
九四。豐其蔀。日中見斗。遇其夷主吉。
六五。來章。有慶譽。吉。
上六。豐其屋。蔀其家。闚其戶。闃其無人。三歲不覿。凶。

解法：得卦無動爻，以〈豐〉卦卦辭為斷，初看即知出遊順利，且是陽光高照之好日

子。卦辭說「亨」意指吉利，譬如君王選擇吉日良辰在午時舉行祭祀。一切順利，無須憂心。

午時之後隨之而來的一日變化，卻又發生許多波折，從初九爻到上六爻，一路描寫的都是不斷出現怪異之事。比如說遇到了日食，看到了彗星，最後進到一間空蕩蕩的大房子，裡面卻看不到人，這些種種怪事，暗示這趟行程，恐怕會遭遇一些突發事故，提醒遊人要特別小心，未雨綢繆。

②金錢卦解（庚子月乙巳日，空寅卯）

官鬼	玄武	▅▅ ▅▅		庚戌土
父母	白虎	▅▅ ▅▅	世	庚申金
妻財	螣蛇	▅▅▅▅▅		庚午火
兄弟	勾陳	▅▅▅▅▅		己亥水
官鬼	朱雀	▅▅ ▅▅	應	己丑土
子孫	青龍	▅▅▅▅▅		己卯木

坎宮五世卦
豐：水

解法：凡占旅遊，官鬼宜忌，喜不出。今見世爻申合日建為兄，應爻官鬼丑合月建，應生世，官鬼現，剋兄弟，官鬼更加逞威。又子孫卯木合戌土成妻財，再度助鬼為虐，全卦獨見官鬼益旺。印綬不但被合，今又遭財剋，無力護主，則知遊人必有凶矣。

③納音古占法（庚子月乙巳日，空寅卯）

官鬼	玄武	▅▅ ▅▅		庚子土	壁上土
父母	白虎	▅▅ ▅▅	世	庚戌金	釵釧金
子孫	螣蛇	▅▅▅▅▅		庚申木	石榴木
官鬼	勾陳	▅▅▅▅▅		己卯土	城頭土
子孫	朱雀	▅▅ ▅▅	應	己巳木	大林木
妻財	青龍	▅▅▅▅▅		己未火	天上火

坎宮五世卦

豐：水

解法：出遊以世為己，喜子孫助財得福。卦中子孫兩現，一居朱雀，犯口舌之爭，暗示行或不行，大家意見不一。一居螣蛇，猶疑未定，皆旅行不順之初兆。且子孫兩木，石榴堅硬挺拗不讓之勢，加上大林木充滿廣楙之象，則人多嘴雜。父母雖居世，只得釵釧金，無力剋伐雙木。應爻巳火與妻財三會火暗拱午財，妻財爻既得青龍騰躍，又有暗助之力，財剋印，父母之蔭益加式微，伐木之力盡消，子孫獨旺，水木相生，助勸出遊之意，明顯暗示。

再者，旅行忌官鬼，今見卦中官鬼兩現，其一逢月建，其二合日建，則鬼旺必多忤事，可見這趟行程並不平安，再從兩官鬼子卯自刑研判，怪事應當是由內而發，屬於旅人自己本身矛盾、衝突所衍生的問題。嚴重者，鬼居玄武，會有爭鬥之事發生。

⑽事由：占問參與競選勝算如何？
時間：乙巳月丁亥日，旬空：午、未。
得卦：復卦，無動爻。
①卦爻辭解卦：（白話解參考《易經原本原解》，頁四八）

䷗ 震下坤上
復。亨。出入無疾。朋來無咎。反復其道。七日來復。利有攸往。
初九。不遠復。無祇悔。元吉。
六二。休復。吉。
六三。頻復。厲。無咎。
六四。中行獨復。
六五。敦復。無悔。
上六。迷復。凶。有災眚。用行師。終有大敗。以其國君凶。至于十年不克征。

解法：卦象是一陽五陰，表明一開始競選起步艱難，好像只有一絲絲希望。不過，後來在整個競選主客觀形勢有了重大變化之後，出現了「一陽來復」的轉變契機。這其中的應驗關鍵期是在七這個數字，以及七的倍數，十四、二十一、二十八等幾個關鍵點。更重要的是，爻辭提示了競選過程中，要把握「頻復」與「敦復」與「不遠復」三項策略，頻復是指經常修正競選策略，敦復是要深刻反省有無效果的方法，不遠復是提示勿捨近求遠，要顧好基本票源。

同時，爻辭也警惕勿做花言巧語，以及鬼迷心竅的競選花招。因為，選舉勝敗的關鍵，取決於參選者要有與服務選民的熱心。

②金錢卦解：

六親	六獸	爻	世應	納甲
子孫	青龍	▅ ▅		酉金
妻財	玄武	▅ ▅		亥水
兄弟	白虎	▅ ▅	應	丑土
兄弟	螣蛇	▅ ▅		辰土
官鬼	勾陳	▅ ▅		寅木
妻財	朱雀	▅▅▅	世	子水

坤宮一世卦

復：土

解法：卦得六合之吉，必能當選。但從世應相剋，水財無力生官來看，土兄又逢旺，強而有力剋財，知官位無援，財不能生官，敗選必然。

其實，如此斷卦，純是受制於眼前表面之「卦象」所做出的一般「常理」之判斷，沒有進一步思考全卦的「綜合」分析，缺少「吉凶辨證」的策略所導致的錯誤理解。

因為，首先卦得六合，又逢靜，則合必更穩，必然有它「吉」的道理，只是一時不容易看出其「合處」罷了。今試分析三個面相即：卦驗、間爻、用神兩現。卦驗是指卦逢六合當吉，六十四卦的六合卦是指：泰、否、節、豫、復、困、賁、旅等八卦，這八卦逢事必吉。今觀此次占選立委，得二官鬼，謂之用神兩現。凡用神兩現，必然要取其無傷，而捨其有傷。本次占卦問選舉，當然以官鬼為用，以世爻為我。今見官不居世，知用神必是財能生官，當以財神為用。可惜今見世財受應剋，且世應合土生助兄，剋傷的力量更大、更強。用神財爻既然如此受剋傷，必是無力生官，一看即知必然敗選。

殊不知，本卦實際用神兩現，初九財神雖然受剋，但是六五財神不但沒有剋到，此爻癸亥還自坐旺爻，強而有力地助鬼生官，而且又高居五爻之位，遠離世應之間爻的紛紛擾擾，再看介於間爻的土兄不能爭脫出困境，無力剋水。因此，第二用神水財構成財生官、官生印的順用格局，只須看印在何方？方向正確，名正言順，往前邁去，怎麼不會當選呢？

③納音古占法：（乙巳月丁亥日，空午未）

青龍	官鬼	▅▅　▅▅	癸丑	桑柘木
玄武	子孫	▅▅　▅▅	癸卯	金箔金
白虎	妻財	▅▅　▅▅ 應	癸巳	長流水
勾陳	兄弟	▅▅　▅▅	庚午	路傍土
螣蛇	子孫	▅▅　▅▅	庚辰	白蠟金
朱雀	官鬼	▅▅▅▅▅ 世	庚寅	松柏木

坤官一世卦
復：土

解法：占問選舉以世爻為己，應為問事，今見應生水，卻又世應相刑，知此事必然是人與事之相爭，支持與反對兩派自相矛盾。且應爻妻財附身白虎，必凶，知事不成，財無力生官。又世爻官鬼藏朱雀，七嘴八舌，知候選人家人選舉表態贊成與否不一致。

再看世應間爻赫見兄弟螣蛇，必主人事出現諸多猶疑驚恐之隱形因素，甚至相爭僵持不下。至於子孫爻也是懸疑遲滯，猶如勾陳。所以，就官鬼持世受應生而言，問題不在事，乃在人為之謀不彰，敗選之徵甚明。

所幸，本次占卦用神官鬼兩現，當捨其凶而用其吉。今見第二官鬼高居天外，遠離世應之紛擾，且青龍居身，象徵得位。又逢桑柘木，堅硬挺立，居位無憂。而子孫爻生財，雖然剋官鬼但是貪生忘剋，通關財官，促成青龍躍飛，象徵勝選。最後決定勝選主因是天助，因為福神得三奇吉星，生財爻又是人奇之吉，財生官，福生財，大順大利，如何不勝選？

⑾事由：占問疫疾，業已臨危，有救否？

時間：壬辰月丙申日，旬空：辰巳。

得卦：既濟，四爻動，變革卦。

①卦爻辭解卦：（白話解參考《易經原本原解》，頁一二八）

䷾ 離下坎上
既濟。亨小。利貞。初吉終亂。
初九。曳其輪。濡其尾。無咎。
六二。婦喪其茀。勿逐。七日得。
九三。高宗伐鬼方。三年克之。小人勿用。
六四。繻有衣袽。終日戒。
九五。東鄰殺牛。不如西鄰之禴祭。實受其福。
上六。濡其首。厲。

解法：此卦既濟，光看卦象水剋火，暗示已深，表明此疫疾可治。所以，卦名叫既濟，是說諸事可成。古人用卦驗斷吉凶，暫略用神之爻，可援用於本次占卦。但也要參考動爻四爻爻辭，說「繻有衣袽」乃是描寫在過河途中，沾濕了衣服，這是在提醒犯病者在治療過程中也要特別小心翼翼，以防可能出現的誤診誤治，還有癒後復發的後遺症。

②金錢卦解：（壬辰月丙申日，空辰巳）

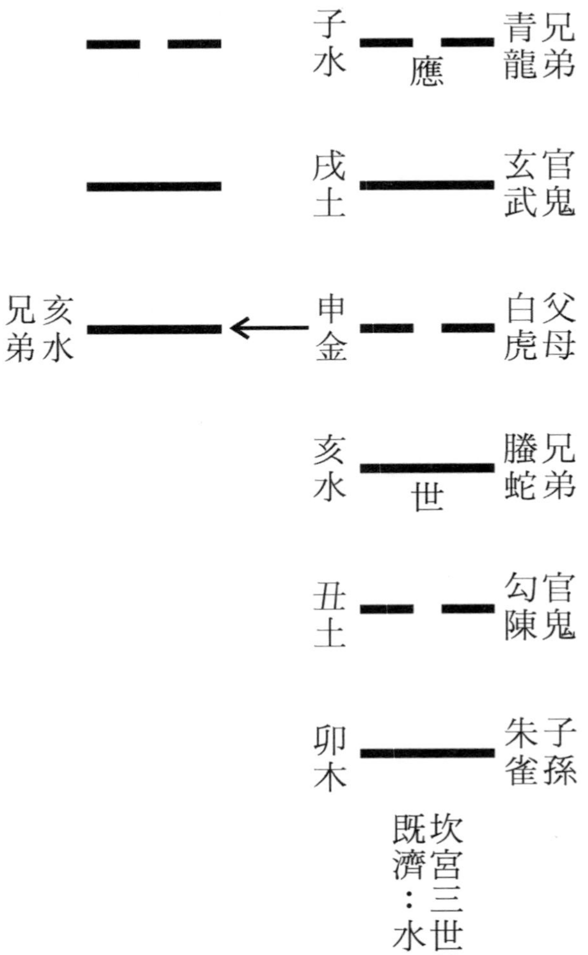

解法：世應比和，兄弟兩持，又父母動化進神再生兄弟，再加亥子丑三會水也是兄弟，全卦可謂兄強弟旺，日主身強，何須懼怕官鬼之來剋？

再看雖有兩鬼，其一被三會水合走，其二又逢月破入墓（戌土墓戌絕亥），早已無力剋兄。

而有機會生鬼助官的火財此時潛居伏藏不出。於是，兄旺而無剋出之衰象，鬼

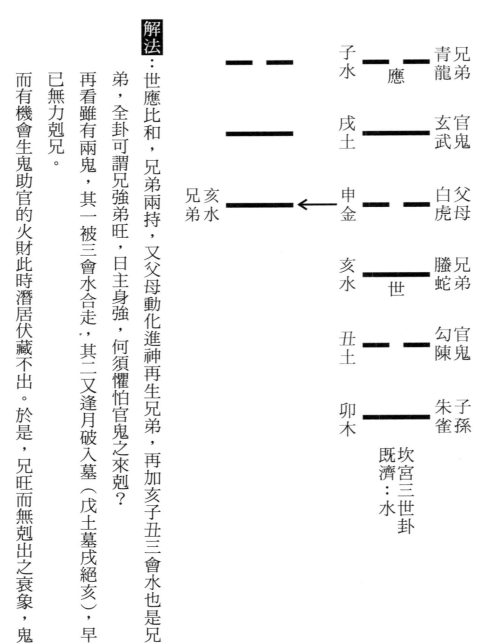

亦坐絕無望救之音，再遇朱雀佔子孫爻，明現耀眼，主醫治有望，綜合以上諸象，本次占病當可得治而痊癒。

③納音古占法：（壬辰月丙申日，空辰巳）

官鬼	青龍	⚋	應	戊寅土	城頭土			⚋	
妻財	玄武	⚊		戊子火	霹靂火			⚊	
子孫	白虎	⚋		戊戌木	平地木	←	官鬼 白虎	⚊	丁亥土 屋下土
官鬼	螣蛇	⚊	世	己卯土	城頭土				
子孫	勾陳	⚋		己巳木	大林木				
妻財	朱雀	⚊		己未火	天上火				

坎宮三世卦

既濟：水

解法：官鬼持世應官鬼，應爻逢生，病況一直發展下去，導致惡化。兩鬼雙居城頭土，堅韌硬壘，難有消退之象。

治病惟賴子孫福德之助，今見子孫爻兩現似得生機，無奈己巳子孫逢生，戊戌子孫又動化官鬼反剋，病主兄弟伏藏不現，子孫爻既無生援又再度受傷。子孫帶白虎，更見凶象，平地木居遠方，不能救近，戊戌子孫入墓，明顯暗示醫藥已無助了。

⑿事由：占問世界大戰是否會爆發？
時間：癸卯月乙亥日。旬空：申酉。
得卦：屯卦，動爻二爻。
①卦爻辭解卦：（白話解參考《易經原本原解》，頁六）

䷂ 震下坎上

屯。元亨利貞。勿用有攸往。利建侯。

初九。磐桓。利居貞。利建侯。

六二。屯如邅如。乘馬班如。匪寇婚媾。女子貞不字。十年乃字。

六三。即鹿無虞。惟入于林中。君子幾。不如舍。往吝。

六四。乘馬班如。求婚媾。往吉無不利。

九五。屯其膏。小貞吉。大貞凶。

上六。乘馬班如。泣血漣如。

解法：占問戰爭，動爻在六二，爻辭說有「匪寇婚媾」的矛盾現象，意思是說本來以為是盜寇，後來發現對方是搶婚隊伍，本意是要來媒合，不是為了打仗。再來，迎娶的對象女子已經守了十年不嫁，現在終於答應這件婚配。比喻等待和平的時間，漫長難熬。

動爻應九五爻辭表明世界各國早已料到會有今天的混亂局面，很多國家提前準備好應戰，「屯其膏」是說積聚備戰實力已很久，要由一點一滴累積而成，由小到大。可是沒有一個國家敢大動干戈，草率輕敵，暗示必有凶象之結果。小貞吉，暗示區域性小規模戰爭難免。大貞凶，但是大規模全球性的戰爭當知趨吉避凶。

②金錢卦解（癸卯月乙亥日，空申酉）

六親	六神	爻	納甲	世應	變爻
兄弟	玄武	▅ ▅	子水		
官鬼	白虎	▅▅▅	戌土	應	
父母	螣蛇	▅ ▅	申金		
官鬼	勾陳	▅ ▅	辰土		▅ ▅
子孫	朱雀	▅ ▅	寅木	世	← 朱雀 子孫 ▅▅▅ 卯木
兄弟	青龍	▅▅▅	子水		▅▅▅

坎宮二世卦

屯：水

解法：凡占征戰，子孫喜動剋官鬼，今見六二爻子孫獨發，動化進神比旺又逢月建，

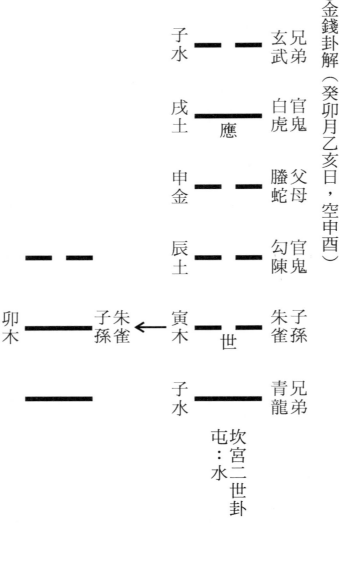

雙剋應鬼，且官鬼隱白虎，乃不吉之兆。雖然世應爻三合拱火財，兩兄弟遠近馳援助木，與日建三會水旺，則財官不通。父母爻雖有螣蛇之擾，猶疑不決之勢，金生水，印綬有授，父母爻貪生忘剋，子孫無慮遭剋。

綜合研判，世界大戰，近期應無開戰之機。

③納音古占法（癸卯月乙亥日，空申酉）

官鬼	玄武	▅▅ ▅▅		戊寅土	城頭土			
妻財	白虎	▅▅▅▅▅	應	戊子火	霹靂火			
子孫	螣蛇	▅▅ ▅▅		戊戌木	平地木			
官鬼	勾陳	▅▅ ▅▅		庚午土	路旁土			
父母	朱雀	▅▅ ▅▅	世	庚辰金	白蠟金	← 妻財 朱雀	▅▅▅▅▅	丁卯木 爐中火
子孫	青龍	▅▅▅▅▅		庚寅木	松柏木			

坎宮二世卦

屯：水

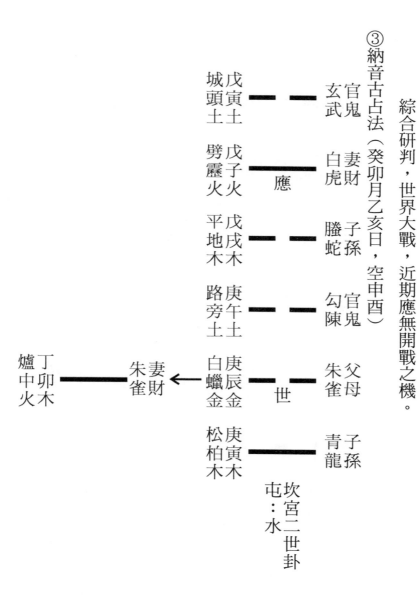

解法：世爻為主事，應爻為證驗。今見世爻動化妻財退神，反剋父母，爐中火乃始生之火，白蠟金雖然只是匆促成形，堅利不足，猶帶礦氣。但是時日持久，剋力發揮，照樣可以抑制父母蔭助之功。於是，暗示戰爭的官鬼無洩可為，而剋制官鬼的子孫又被合住生財，財生官，官鬼既無剋洩，又得財旺生助愈來愈強矣！

再說，本卦雖然得兩子孫，但青龍子孫卻自坐絕地，而另一爻平地戌木子孫殊無蔽障，再與兩官鬼合走生財，助官鬼之威，裏應外合，全卦呈現官鬼高居城牆，盤據城頭，虎視眈眈四方之威，表明象徵戰爭的官鬼生助有力，蓄勢待發。而剋洩官鬼的忌神仇神明顯無力，要不是被合住，就是潛伏不出，例如本卦兄弟爻伏藏，不能明助子孫，官旺子弱，暗示世界大戰發生的機率很高。

九、納音古占法考證

1、現傳金錢卦裝卦錯誤

首先談金錢卦裝卦，今本裝錯的第一個原因，應該是將十二辰當作十二月，配到乾卦六爻與坤卦六爻，誤以為乾坤十二爻要配合十二月，凡陽月配陽爻陽卦，陰月配陰卦陰爻。這個配法，誤解了最原始太極圖分陰分陽的概念，也就是說太極圖的「陽消陰長」被錯誤理解成一年十二個陽月與陰月的組合。

因為，一年十二個月，陽月與陰月都是順著春夏秋冬四時在運行，周而復始，自古以來，沒有改變。十二個月並不會有陽月順行，陰月逆轉的走法。所以，用陽月陰月誤解太極圖的「陽消陰長」所示意的陽順行、陰逆行的概念，不可以用來解釋納音古占卜「陰陽巔倒巔」這種「陰陽妙玄天」的涵意。例如將一年十二月分陽月陰月從乾坤兩卦的初爻依次往上排如左圖：

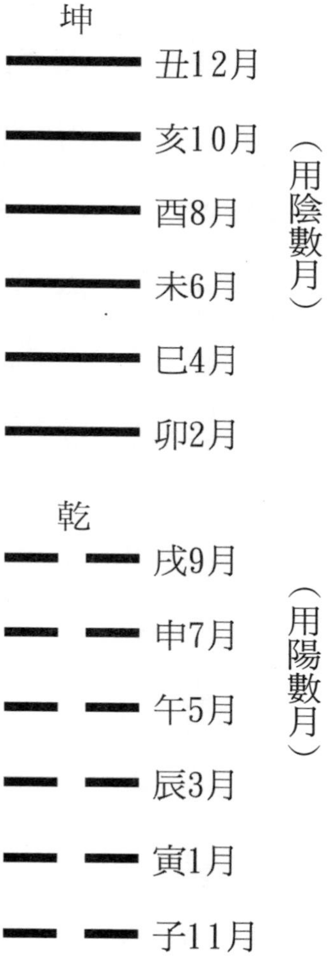

右圖是按照爻辰說法分配乾坤共十二爻的排法，可是，今天看到的《卜筮正宗》納甲裝卦，坤卦並沒有按照這樣的安排，只有乾卦是正確的。例如下圖：

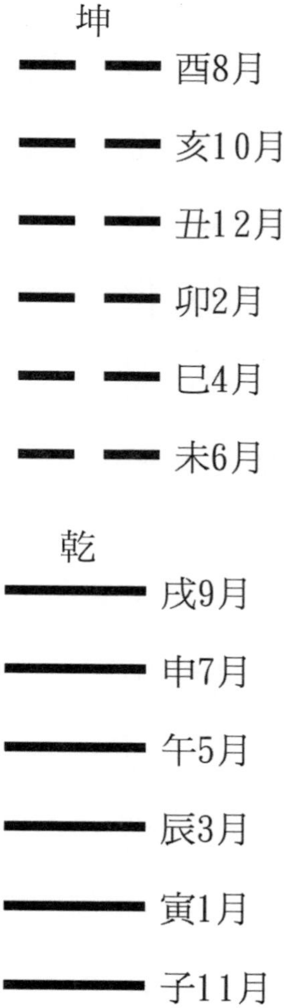

右圖明顯看到明清後世金錢卦納甲裝卦，坤卦六爻的裝卦已經混亂，它不是正確的爻辰納月法，自初爻至上六爻依次排列，也就是說並沒有按照陰月由小而長排列。只有乾卦還保

留正確的爻辰納月法，陽爻由小而長依次增加。

這就是明清數百年來卜筮納甲裝卦錯誤的根本原因，茲破解如上。（註9）

2、金錢卦六卦缺失

現在流傳用金錢占卦得出的六十四卦裝卦，其中有六個卦要不是六爻納干支相同，就是六爻納六親相同。這六個卦分別是：復、泰，這兩卦六親相同。噬嗑、大有、小過、遁，這四卦納干支相同，排六親也相同。這種情形，表明今本金錢卦占卦納甲系統在代代傳抄流傳過程中，可能已產生錯簡，未能真正還原漢代京房八卦九宮的納甲真相。（註10）

但是，這六卦如果改成用納音古占法裝卦，就不會出現這種干支或六親相同的情況，也就是說納音古占裝卦六十四卦，不會有干支與六親重複之現象，而是六十四卦裝卦每一卦都是有各自獨立的訊息系統，占卜的準確度應該更為仔細精密。今將此缺失不全之六卦，先用今本排法裝卦，再用古法納音裝卦，兩者互相對照，來看看其中的差異，證明納音古占裝卦較今本金錢卦更精細。例如下面六卦金錢卦裝卦與納音古占裝卦對照排列如下：

(1)復卦

甲金錢卦裝卦：

干支	爻	六親
癸酉	- -	子孫
癸亥	- -	妻財
癸丑	- - 應	兄弟
庚辰	- -	兄弟
庚寅	- -	官鬼
庚子	— 世	妻財

註9：今人云：「在納支法中，《乾》卦為什麼納子、寅、辰、午、申、戌？《坤》卦為什麼納未、巳、卯、丑、亥、酉？古人在論爻辰時，把《乾》、《坤》兩卦十二個爻與一年十二個月相對應。這在《周易概論》中講得很明確：所謂爻辰系指《乾》、《坤》兩卦十二爻當十二支當十二辰，又將此十二辰分十二個月。即：《乾》初九爻當子為十一月；九二爻當寅，為正月；九三爻當辰，為三月；九四爻當午，為五月；九五爻當申，為七月；上九爻當戌，為九月。《坤》初六爻當未，為六月；六二爻當酉，為八月；六三爻當亥，為十月；六四爻當丑，為十二月；六五爻為卯，為二月；上六爻當巳，為四月。根據十二爻辰的原則，所以《乾》初爻起子，隔位而定爻次；坤卦初爻起未，隔位而定爻次。但坤卦的爻次排列與古論不符，這是因為坤卦是陰卦，它的初爻排列是逆轉而至，其地支值月並沒有變。」參見韓起、龐才興：《周易與預測學導讀》，鄭州：中州古籍出版社，一九九五年，頁一七一。

註10：向納甲始見於魏伯陽《參同契》此書，以後凡五術之學都有涉及，擇日學用到，八字學也用到。明朝萬曆年間萬民英《三命通會》卷十二「論月」一節，即述太陰之精為月，周行環日之方向為西、南、東，配以庚丁甲。其次西、南、東，配以辛丙乙。小結云：知月之盈虛，象卦之抽爻，則天地陰陽消息之理明矣。參見萬民英：《三命通會》，北京：華齡出版社，二〇一九年，頁八八九。

乙納音裝卦：

青龍	官鬼	▅▅　▅▅	癸丑木	桑柘木
玄武	子孫	▅▅　▅▅	癸卯金	金箔金
白虎	妻財	▅▅　▅▅ 應	癸巳水	長流水
螣蛇	兄弟	▅▅　▅▅	庚午土	路旁土
勾陳	子孫	▅▅　▅▅	庚辰金	白蠟金
朱雀	官鬼	▅▅▅▅▅ 世	庚寅木	松柏木

復：土

(2)泰卦

甲金錢卦裝卦：

癸酉	▅ ▅ 應	子孫
癸亥	▅ ▅	妻財
癸丑	▅ ▅	兄弟
甲辰	▅▅ 世	兄弟
甲寅	▅▅	官鬼
甲子	▅▅	妻財

乙納音裝卦：

玄武	官鬼	▅▅ ▅▅	應	癸丑木	桑柘木
白虎	子孫	▅▅ ▅▅		癸卯金	金箔金
螣蛇	妻財	▅▅ ▅▅		癸巳水	長流水
勾陳	父母	▅▅▅▅▅	世	甲辰火	覆燈火
朱雀	妻財	▅▅▅▅▅		甲寅水	大溪水
青龍	子孫	▅▅▅▅▅		甲子金	海中金

泰：土

說明：

1.泰卦與復卦的金錢卦裝卦，干支相同重複。而且，此二卦的六親都伏藏父母爻。

2.但是納音裝卦，泰與復卦的干支不會重複。六親伏藏也不同，泰卦伏藏兄弟爻，復卦伏藏父母爻。

(3)噬嗑卦

甲金錢卦裝卦：

己巳	▅▅▅		子孫
己未	▅ ▅	世	妻財
己酉	▅▅▅		官鬼
庚辰	▅ ▅		妻財
庚寅	▅ ▅	應	兄弟
庚子	▅▅▅		父母

乙納音裝卦：

六神	六親	爻	世應	干支	納音
玄武	妻財	⚊		己酉土	大驛土
白虎	兄弟	⚋	世	己亥木	平地木
螣蛇	子孫	⚊		己丑火	劈靂火
勾陳	妻財	⚋		庚午土	路旁土
朱雀	官鬼	⚋	應	庚辰金	白蠟金
青龍	兄弟	⚊		庚寅木	松柏木

噬嗑：木

(4)大有卦

甲金錢卦裝卦：

干支	爻	世應	六親
己巳	⚊	應	官鬼
己未	⚋		父母
己酉	⚊		兄弟
甲辰	⚊	世	父母
甲寅	⚊		妻財
甲子	⚊		子孫

乙納音裝卦：

青龍	父母	應	己酉土	大驛土
玄武	妻財		己亥木	平地木
白虎	官鬼		己丑火	劈靂火
騰蛇	官鬼	世	甲辰火	覆燈火
勾陳	子孫		甲寅水	大溪水
朱雀	兄弟		甲子金	海中金

大有：金

說明：

1. 噬嗑大有此二卦的金錢卦裝卦，干支也是一樣重複，六親則齊全。
2. 大有的納音裝卦與噬嗑則干支不一樣，而且大有六親齊全，噬嗑伏藏父母。

(5)小過卦

甲金錢卦裝卦：

庚戌		父母
庚申		兄弟
庚午	世	官鬼
丙申		兄弟
丙午		官鬼
丙辰	應	父母

乙納音裝卦：

六神	六親	爻	干支	納音	世應
玄武	父母	▬ ▬	庚子土	壁上土	
白虎	兄弟	▬ ▬	庚戌金	釵釧金	
螣蛇	妻財	▬▬▬	庚申木	石榴木	世
勾陳	父母	▬▬▬	丙戌土	屋下土	
朱雀	官鬼	▬ ▬	丙申火	山下火	
青龍	子孫	▬ ▬	丙午水	天河水	應

小過：金

(6)遯卦

甲金錢卦裝卦：

干支	爻	六親
壬戌	▬	父母
壬申	▬ 應	兄弟
壬午	▬	官鬼
丙申	▬	兄弟
丙午	- - 世	官鬼
丙辰	- -	父母

乙納音裝卦：

青龍	子孫	▅▅▅▅	壬戌水	大海水	
玄武	兄弟	▅▅▅▅	壬申金	劍鋒金	應
白虎	妻財	▅▅▅▅	壬午木	楊柳木	
螣蛇	父母	▅▅▅▅	丙戌土	屋下土	
勾陳	官鬼	▅▅　▅▅		一人	世
朱雀	子孫	▅▅　▅▅	丙午水	天河水	

遯：金

說明：

1.遯卦與小過卦此二卦的金錢裝卦，不但干支相同，六親也完全一樣。但是，此二卦六親不全，卻又同樣伏藏子孫爻與妻財爻，可說是六十四卦金錢卦裝卦法之中，重複相同最多的兩卦，干支、六親、伏神三者都相同。

2.反觀納音裝卦，則完全不同金錢卦，此二卦不但六親齊全，干支也不一樣。

3、十三卦裝卦缺六親不全

不過納音古占也有十三卦的六親較不齊全。此十三卦缺六親不全的情況如下：

(1)乾：缺父母爻。

(2)坤：缺兄弟爻。
(3)坎：缺父母爻、兄弟爻。
(4)離：缺官鬼、妻財。
(5)損：缺子孫、官鬼。
(6)益：缺父母、子孫。
(7)震：缺父母、子孫。
(8)艮：缺子孫、官鬼。
(9)豐：缺兄弟、妻財。
(10)巽：缺父母、子孫。
(11)兌：缺兄弟、妻財。
(12)既濟：缺父母、兄弟。
(13)未濟：缺妻財、官鬼。

4、伏神用神關鍵

以上經過納音古占卜與今傳金錢卦裝卦比較之後，有一項重大發現就是：

一、納音古占卜不用「伏神」，直接在「納音」求得伏神在那一爻之下。

二、納音古占卜八經卦的六親各有缺一、缺二的情況，然而今傳金錢卦八經卦六親全備。所以，當裝卦後用神不上卦之時，須在本宮求得伏神。今對照得出納音古占卜六親小結論如下：

(1)納音古占卜乾缺父母爻，金錢卦六親皆全不缺。

(2)納音古占卜震缺父母、子孫兩爻，金錢卦六親全不缺。

(3)納音古占法坎缺父母爻，金錢卦六親全不缺。

(4)納音古占法艮缺子孫、官鬼兩爻，金錢卦六親全不缺。

(5)納音古占法坤缺兄弟爻，金錢卦六親全不缺。

(6)納音古占法巽缺父母、子孫兩爻，金錢卦六親全不缺。

(7)納音古占法離缺妻財、官鬼兩爻，金錢卦六親全不缺。

(8)納音古占法兌缺妻財爻，金錢卦六親全不缺。

以上比較得知納音古占卜八經卦六親各有缺一、缺二的情況，但是今傳金錢卦全部都有不缺，可見古法在前，新法在後。這是因為在宋初徐子平八字學興起後，八字四柱重視「格局」與「用神」之說，占卜時如果沒有用神，必然要找出用神藏伏在那一爻之下。

於是，八字學影響占卜法，後人為了建立「用神不上卦」之說法，將伏於八經卦六爻之下這個六親，當作用神理論體系，只好另起一個「伏神」之詞，用來補說裝卦不見用神的困難，乃不得不修正八經卦的納甲先後順序，為的是讓八經卦每一卦的六親都完備，其它卦用神不見時，就到八經卦找伏神，看看用神伏在那一爻之下，方便建構用神伏神理論。這樣的作法，直接證明「前修不密，後出轉精」的邏輯，大大有助推論納音古占卜必然在先，後人看到某些卦六親不全的缺失，設法加以修正補齊，使成為現在看到的六親全備的八經卦，這一點充分表明用神伏神理論必然在後的歷史發展。

再一個補證是，本來京房時代的納甲，是有「飛神」與「伏神」之說，但沒有特別講「用神」之法。而今傳金錢卦的飛神伏神是要嚴密地與「用神」綁在一起才說得通，用神不上卦，才有伏神，伏神出現，才有飛神。這一點，也補充說明了今傳金錢卦占卜是經過「綜合」前代的一種後出占卜法。

5、戊己土寄於水或寄於火？

卜卦很講究干支五行排列的十二生旺庫順逆運行，五行是金、木、水、火、土，干是十天干，支是十二地支。其中天干的「戊」與「己」要與五行相配，出現了二種分歧的講法。

一說是戊土寄於水，例如劉大鈞《納甲筮法》。

二說是戊土寄於火，例如梁湘潤《子平基礎概要》。

按十二生旺庫戊己土寄丙丁火，火土相生，而不是土寄於水，造成土水相剋，所以土寄火應該是正確的古法，至少從宋初徐子平講四柱八字學以來就是這樣的說法。

何以見得？可據清代乾隆年間沈孝瞻《子平真詮》此書，就是說土寄於火，得到印證。這本書經由民國徐樂吾的評注，大行於世。徐樂吾《子平真詮評注》此書，將十二地支與十天干的生旺祿絕，列一簡表，此表就將戊己的生旺祿，與丙丁的生旺祿同列。今轉述此表如下：（註11）

註11：引自徐樂吾《子平真詮評注》，鄭州：中州古籍出版社，一九九四年，頁一五。

巳	午	未	申
壬庚戊丙甲 絕生 祿 病	壬庚戊丙甲 胎敗 病 死	壬庚戊丙甲 養冠 衰 墓	壬庚戊丙甲 生祿 病 絕
癸辛己丁乙 胎死 旺 敗	癸辛己丁乙 絕病 祿 生	癸辛己丁乙 墓衰 冠 養	癸辛己丁乙 死旺 敗 胎
辰	陰陽順逆		酉
壬庚戊丙甲 墓養 冠 衰			壬庚戊丙甲 敗旺 死 胎
癸辛己丁乙 養墓 衰 冠			癸辛己丁乙 病祿 生 絕
卯	生旺死絕之圖		戌
壬庚戊丙甲 死胎 敗 旺			壬庚戊丙甲 冠衰 墓 養
癸辛己丁乙 生絕 病 祿			癸辛己丁乙 衰冠 養 墓
寅	丑	子	亥
壬庚戊丙甲 病絕 生 祿	壬庚戊丙甲 衰墓 養 冠	壬庚戊丙甲 旺死 胎 敗	壬庚戊丙甲 祿病 絕 生
癸辛己丁乙 敗胎 死 旺	癸辛己丁乙 冠養 墓 衰	癸辛己丁乙 祿生 絕 病	癸辛己丁乙 旺敗 胎 死

說明：此表看到丙生在寅，祿在巳，旺在午，絕在亥。戊也是生在寅，祿在巳，旺在午，絕在亥。同此，丁與己也是也是生旺祿一樣，說明了戊己土是寄在丙與寅。

6、新嚐試裝卦

現代學者只有朱邦復一人嚐試用新納甲裝卦，改掉金錢卦舊法，將十二地支、八卦、五行、以及陽順陰逆的走法，都用「手掌」十二指間方位加以推算，頗有新意，也很簡便。朱邦復《易理探微》「十二宮圖」此節闡述十二地支配八卦與五行的方法，說：

時空流程的參數就是十二地支。這十二地支之求法，必須根據下面的「八卦根」表，以所占之卦在十二圖中之位置為起點。再查該位之陰陽，陰位以反時鐘，陽位以順時鐘為方向，再查十二支及五行表，一一找到各爻的對應值。

卦有上卦及下卦之分，下卦為一二三爻，上卦為四五六爻。找到起點後，格中之值即為該爻之地支，然後跳過一格，取下一爻，共取三爻。取上卦時，再先跳過三爻再取。（註12）

註12：引自朱邦復：《易理探微》，台北：時報文化出版企業有限公司，一九九五年，頁一二〇。案朱邦復是電腦倉頡輸入系統的發明者。

兌		坤	
艮	八卦根		
離			
坎	巽	乾震	

陰	陽	陰	陽
陽	陰陽位		陰
陰			陽
陽	陰	陽	陰

巳	午	未	申
辰	十二支		酉
卯			戌
寅	丑	子	亥

火	火	土	金
土	五行		金
木			土
木	土	水	水

以前例而言，本卦為雷澤，下卦為澤（兌），在巳位，屬陰，故以逆時鐘方向，取得陰位之三個地支：巳、卯、丑，再配合五行表，則為：巳火、卯木、丑土。

上卦為雷（震）為陽，故順時鐘而行，由於上卦是從第四爻起，故須跳過子、寅、辰三支，而得到午火、申金、戌土。

再看變卦為山火賁，下卦火（離）得：卯木、丑土、亥水。上卦山（艮）得：戌土、子水、寅木，本卦中未動之爻則不計。

子月庚戌日占
我可不可以去游泳
本卦：歸妹
兌宮
變卦：賁

世應	本卦	爻	變卦
應爻	戌土	×	— 寅木
	申金	--	
	午火	○	-- 戌土
世爻	丑土	×	— 亥水
	卯木	○	-- 丑土
	巳火	—	

細看這段引文說到八宮卦的納甲裝卦看起來好像是新方法，其實內容與今傳金錢卦並沒有什麼不同。首先，不用天干，只用地支，跟其它裝卦法一樣是錯誤。其次十二支安於八卦乾震兩卦仍然共用子位，造成乾震兩卦的納甲是一樣，正是明清金錢卦流傳到今天共同的作法。所以說，朱邦復只是在納甲裝卦的形式與推算改了一些，卻仍然沿續了前人之誤而不自覺。

7、《易林補遺》殘留納音古占法

明清以來，常見的占卜經典諸如《野鶴老人增刪卜易》、程元如《易冒》、王洪緒《卜筮正宗》、張星元《易林補遺》等四書，只有張星元《易林補遺》有講六十甲子納音，雖然此書寫到的「占例」極少用納音分析，但是也幸運地保留了一例用「納音」分析占卦的方法，有助「納音」歷史的了解，說明了納音占卜到了明末清初時期已逐漸沒落了。茲引張星元的「納音」占法實例如下：

如占葬地，得姤之鼎卦：

父母壬戌土 ━━━━━━
兄弟壬申金 ━━━━━━ ○
官鬼壬午火 ━━━━━━ 應
兄弟辛酉金 ━━━━━━
子孫辛亥水 ━━━━━━
父母辛丑土 ━━　━━ 世

官鬼己巳火 ━━━━━━
父母己未土 ━━　━━ 應
兄弟己酉金 ━━━━━━
兄弟辛酉金 ━━━━━━
子孫辛亥水 ━━━━━━ 世
父母辛丑土 ━━　━━

斷曰：掘地五尺，土中有石，其色大赤，離穴四十步，西南近柳樹，當有伏屍，葬出刀傷之人，並主火災。

問曰：如何斷之？

答曰：世持辛丑土伏甲子金世下，伏金是土金有石也，巽下伏乾，是乾為天、大赤也。第五爻壬申化己未火，火克本宮為鬼，是伏屍鬼，申化未是西南方也。掘下五尺見石者，土類五也，離穴四十步有伏屍者，壬申金，金數四加丑未土類五二成十，並申金四，是四十步也。出刀傷人者，壬申乃劍鋒金也。主火災者，己未化火，來克辛丑世也。樹旁者，己未火鬼與壬午木合住，壬午乃是楊柳木

也。（註13）

上引這則張星元解卦說到壬申乃劍鋒金，壬午乃楊柳木，就是用納音五行。因為，正五行的壬申雖然也是金，但沒有再分出六個金，諸如白蠟金、金箔金、海中金、釵釧金、劍鋒金、沙中金。

同理，壬午的正五行是火，不是木。這裡的楊柳木，是納音六木之一，諸如大林木、松柏木、桑柘木，平地木、石榴木、楊柳木等等，一共六木。

由此可知，到了張星元寫《易林補遺》的明末清初時期，古代五術之一《周易》卜卦，尚保留某些用納音古法的五行，不致於全部廢掉納音占卜，《易林補遺》這一項歷史文獻價值，值得當今五術界深知思考。

註13：引自張星元《易林補遺》，北京：中國廣播電視出版社，二〇〇六年，頁一二一。案：徧查張星元《易林補遺全書》，用納音五行斷卦，除了這一例之外，另見此書第七四搜抉神鬼章，還有一例，此例占鬼祟，得遁之姤卦，張星元說辛亥是釵釧金，即用納音五行解之。因為，按照正五行，辛亥是水，不是金。參見此書，頁三〇五。

8、《卜筮全書》保留六十甲子納音

比張星元稍早的明代中期占卜書《卜筮全書》，被收入《古今圖書集成》，這裡也有一些保留了六十甲子納音，同時，六十四卦六親裝卦，也保留了納甲天干，這點都是後來明清的占卜書較少看見的。例如〈乾〉卦的裝卦如下：（註14）

父母	▅▅▅		壬戌
兄弟	▅▅▅	世	壬申
官鬼	▅▅▅		壬午
父母	▅▅▅		甲辰
妻財	▅▅▅	應	甲寅
子孫	▅▅▅		甲子

大龍御天之卦：廣大包容之象

這裡須注意，雖然《卜筮全書》裝卦用了天干甲壬，但是五行是用正五行，不是納音五行。例如甲子是水，乾金生水，初爻是子孫。改用納音五行則甲子是金，乾卦初爻六親當作兄弟。由此可見，明代中期《卜筮全書》的六爻裝卦五行已不用納音五行。

9、古法之亂始於野鶴老人

納音古占卜裝卦用天干地支，加納音，金錢卦刪去天干，只用地支，納音則全部不用，這是《周易》占卜新舊裝卦法最大不同之處。這個不同，不知起於何時。可參考今本《黃金策》總則《千金策》有一句話說：「德入卦，無謀不遂」，這一句講的「德」是指天地合德，也指擇日八字講的天德月德。而這種德都是指天干與地支的相配，才叫天地合德。

例如，甲乙丙丁戊己庚辛壬癸配天德，是指地支的巳庚丁申壬辛亥甲癸寅丙乙，配上月德則是壬庚丙甲壬庚丙甲壬庚丙甲。合起來看，都是天干地支的相配。

但是到了野鶴老人《天下第一卜》即《增刪卜易》這本書解釋「德入卦」這一句時，就提出裝卦不須要用到天干，六爻占卜納甲只須地支即可。野鶴老人認為德字是指天干地支相合，並舉一例說明：

註14：參見《卜筮》（古今圖書集成術數叢刊本），北京：華齡出版社，二〇〇九年，頁七八，這是鄭同點校本。此書另有郭小民點校本，鄭州：中州古籍出版社，一九九四年。

戌月己酉日，占文書，得「小畜之蠱」

━	卯木	兄弟	
○	巳火	子孫	丙子 父母
╍ 應	未土	妻財	
━	辰土	妻財	
━	寅木	兄弟	
○ 世	子水	父母	辛丑 妻財

彼謂五爻動出丙子文書，與世爻變出辛丑，干支相合，應戊子日成其文書。

野鶴曰：此為多事之論也。鬼谷三財，論舍爻辭，以五行而定禍福者，乃用地支。既用地支，不得不以天干為配，未聞以天干而定吉凶，以天干配地支者，欲全用周天甲子，卦又止于四十八爻，不得不分晰焉。

所以乾之內卦用甲，坤之內卦用乙，乃十干之首；乾之外卦用壬，坤之外卦用癸，皆十干之尾。乾之內卦用子，與坤之外卦相合；坤之內卦用未，與乾之外卦相合。二老上下相媾，陰陽磨盪，中包六子。甲乙之次者丙丁，用之于少男少女，艮與兌也；戊己用之于中男中女，坎與離也；庚辛用之于長男長女，震與巽也，以全上下干支。此乃配偶之法也，故謂之渾天甲子。

而禍福吉凶，皆地支生剋制化、剋合刑沖以判之。今若以天干而判休咎，則每卦皆宜用也，何獨于此？況此小蓄之蠱，五爻朱雀為文書，動臨巳火，變出子水文書，而世爻又臨子水父母，又為文書，酉日生之，化丑合之，疊疊文書，旺動于卦中，即非干支相合，亦難說無成。予故曰：此多事之論也。

野鶴這一段文字，批判舊解丙子與辛丑，是天干丙辛合水，子丑合土，說明天干丙辛合戊，戊子日應驗。野鶴認為不用天干，地支本身的生合即有文書，不必多事也。這裡明顯看到野鶴的斷卦已拾棄天干。

10、太極圖畫錯了

明清留傳下來的火珠林占卜裝卦裝錯了，錯了千年，而不知。今天終於找到錯誤的原因，主要是發生在兩項操作：

一、陰卦坤的干支順序錯了。

二、太極圖的陽消陰長畫錯了。

要講明白以上兩項錯誤理由，必須先弄清楚火珠林納干支與干支五行的理論根源來自河圖數與揚雄《太玄經》的太玄數。河圖數的天地乾坤之數與五行如下：

1、6——水

2、7——火

3、8——木

4、9——金

5、10——土

揚雄《太玄經》的干支數與五行如下：

干數者—甲九、乙八、丙七、丁六、戊五、己九、庚八、辛七、壬六、癸五。

支數者—子九、丑八、寅七、卯六、辰五、巳四。

午九、未八、申七、酉六、戌五、亥四。—六沖相同。

子、午九者—陽起於「子」，訖於「午」。

陰起於「午」，訖於「子」。—故「子、午」對沖。

丑、未八者—自「丑」至「申」為「八」。

自「未」至「寅」為「八」。—故「丑、未」對沖。

寅、申七者—「寅」是「陽始」，自「子」至「申」為「九」。

「申」是「陰始」，自「午」至「寅」為「九」。—寅、申沖

卯、酉六者—「卯」至「申」是「六」，「酉」至「寅」是「六」。—卯、酉沖

辰、戌五者—「辰」至「申」是「五」，「戌」至「寅」是「五」。—辰、戌沖
巳、亥四者—「巳」至「申」是「四」，「亥」至「寅」是「四」。—卯、酉沖
（註15）

由以上這個太玄數干支，得出陽干陰干的數字相配是：

甲丙戊庚壬：9、7、戊5、8、6
乙丁己辛癸：8、6、己9、7、5
相加是17、13、14、15、11

再看地支的陰陽配數如下：

子寅辰午申戌：9、7、5、9、7、5
亥酉未巳卯丑：4、6、8、4、6、8
相加是13、13、13、13、13、13

註15：有關揚玄《太玄經》的研究資料，今見本有：司馬光：《太玄經集註》，北京：中華書局，二〇〇三年。更早的注本見晉范望（注）：《太玄經》（嘉業堂本），台北：廣文書局，一九八八年。今人的論述參見鄭萬耕：《揚雄及其太玄》，台北：藍燈文化事業股份有限公司，一九九二年。案揚雄《太玄經．太玄圖》說到：「玄有二道，一以三起，一以三生。以三起者，方、州、部、家也。以三生者，參分陽氣以為三重，極為九營。是為同本離末，天地之經也。旁通上下，萬物并也。九營周流，終始貞也。始于十一月，終于十月，羅重九行，行四十日。」（《太玄經》，頁二一一）這一段話明白說到陽始於「子」十一月，而終於「亥」十月，陽的終就是陰的始，所以坤起「亥」。

如果再將干與支配合起來，陽干對陽支，陰干對陰支，其五行干支數的組合如下：

甲丙戊庚壬
子寅辰午申 ‖ 9+9 7+7 5+5 9+8 7+6 ‖ 18 14 10 17 13

乙丁己辛癸
未巳卯丑亥 8+8 4+6 6+9 8+7 4+5 相加是 16 10 15 15 9

以上所列出的干支與數字相配，隱約之中已看出某種規律存在《太玄經》的干支數。其中陰陽干支反映的「消長」尤其重要。

現在，按照這個太玄數套用到今本六十四卦的納甲裝卦，立刻看出今本的裝卦順序是沒有按照揚雄《太玄經》地支陽支的子寅辰午申戌與地支陰支的亥酉未巳卯丑相配，導致裝卦錯亂了。今傳金錢卦錯排如下：

乾：子（寅辰，午申戌）　坤：未（巳卯，丑亥酉）

坎：寅（辰午，申戌子）　兌：巳（卯丑，亥酉未）

艮：辰（午申，戌子寅）　離：卯（丑亥，酉未巳）

震：子（寅辰，午申戌）　巽：丑（亥酉，未巳卯）

假如將這個地支用太玄數代替如下：

乾：9	坤：8
坎：7	兌：4
艮：5	離：6
震：9	巽：8

以上數字排列清楚看到陽卦四卦：975是遞減沒錯，但是陰卦四卦：846恰恰倒反了，正確數字遞減應該是：8、6、4，可見今傳金錢卦的裝卦納甲陰卦四卦的順序是有錯的。現在，改用正確的陽卦與陰卦「消長」的納支排列如下：

乾：子—9	坤：亥—4
震：寅—7	巽：酉—6
坎：辰—5	離：未—8
艮：午—9	兌：巳—4

這個表，已很清楚表明陽卦由「極盛」遞減，陰卦由「極少」遞增，就是名符其實的「陽消」與「陰長」之道理。反之，若是「陰長」，則陽必「消」。如此，陰陽配合，達到「保合太和」的太極境界，恰恰正是「太極圖」陽消陰長所要暗示的「易理」。

原來今傳金錢卦的裝卦之所以錯誤，就是沒有遵照《太玄經》的太玄數干支來裝卦，導致今本的裝卦錯誤，錯誤的原因就是沒有按照揚雄《太玄經》的地支由極少再遞增的順序裝卦，錯排了地支起迄。

因為正確的八卦地支起迄與八卦順序是：

☰	乾：子	9	陽	坤：亥	4	陰	☷
☳	震：寅	7	陽	巽：酉	6	陰	☴
☵	坎：辰	5	消	離：未	8	長	☲
☶	艮：午	9	消	兌：巳	4	長	☱

根據以上的八卦陽消陰長畫出的正確太極圖是：

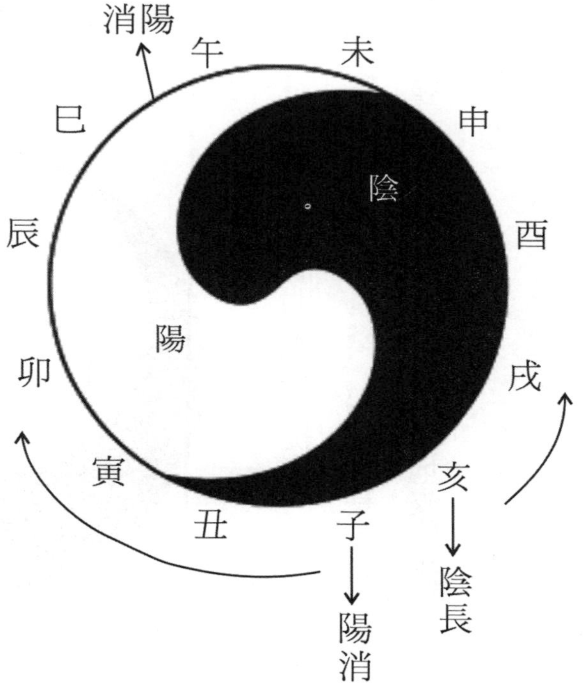

11、一個大發現

這裡，提出一個大發現，就是今傳火珠林裝卦的真正錯誤，出在明高雪君為來知德《周易集註》補太極圖的陽消陰長補圖畫錯了，在高氏補圖中錯排了十二支位置，導致明自張星元《易林補遺》與程元如《易冒》這兩本明代早期最重要的火珠林占卜書，師徒二人都同樣裝錯坤卦的地支，而震卦也重複乾。分析如下：

在來知德《周易集註》此書之首端刊有一圖及說明云：（註16）

太極圖

白者陽儀也。黑者陰儀也。黑白二路者。陽極生陰，陰極生陽。其氣機未嘗息也，即太極也。非中間一圈，乃太極之本體也。

高雪君畫的這張圖，是要說明來知德提出的太極「陰陽」的消長情況，文字本身已經講得很清楚，即是說白為陽，黑為陰，陽消陰長，陰消陽長，道理甚明，文字敘述也很正確。可是，到了高雪君的補圖，就加上十二地支的排列，卻沒有調整原圖的陰陽，變成錯誤的納支如下：（註17）

這張圖明顯看到陽支錯排在陰儀，陰支又錯排在陽儀，變成坤極在未，而乾極在子，恰恰與陽支陽卦，陰支陰卦的位置相反，明清金錢卦裝卦納甲，坤起於未，其故在此。今將正確圖改畫如下：

註16：引自來知德《周易集註》，（萬曆戊戌敦仁堂影刊本）台北：中國孔學會，一九七八年，頁一。案：來氏此本原刊明萬曆戊戌春三月，原本今藏台北國家圖書館，此本保留原樣較多，今市面所售新排打字本，往往刪去原圖，所以看不出高雪君補圖的錯誤在哪裡。

註17：同前註引書，頁三十七。

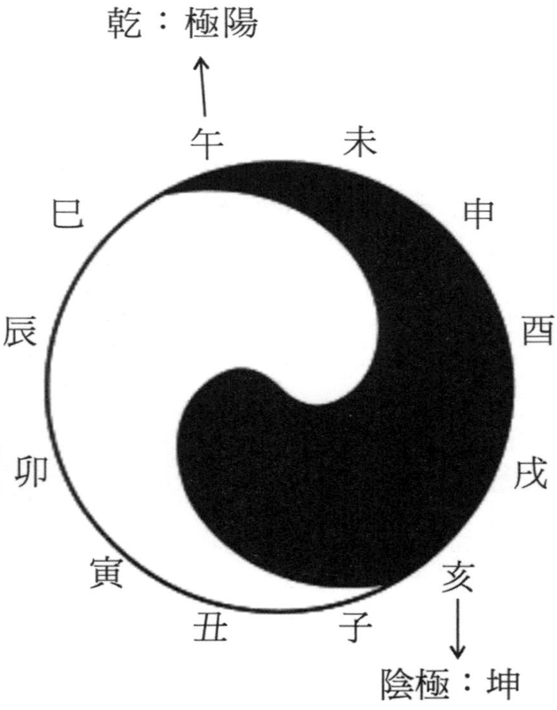

這樣的正確太極圖畫法，還可往上推源到隋蕭吉《五行大義》這一套正確的原版的干支納甲法，原來也是有來源的。它是根據東漢發展的《周易》數術學，綜合易經數術學講的卦氣、爻辰、納甲、十二消息……等等這一類知識，建構起來的納甲系統，從東漢到隋代已流行近千年之久。

今上推到東漢易經數術學，《京房易傳》卷下已規定八卦納干支是乾甲壬、坤乙癸、震庚、巽辛、兌丁、坎戊、離己、艮丙，這與原本的納音古占法納地支完全相同。

後來，《參同契》此書就將它應用在每月月亮盈縮變化的方位標示，表明上半月自初三開始月亮由庚酉乾之方位移動，下半月由震巽艮方位移動，周而復始。年一年，月復一月，茲列兩圖如下：（註18）

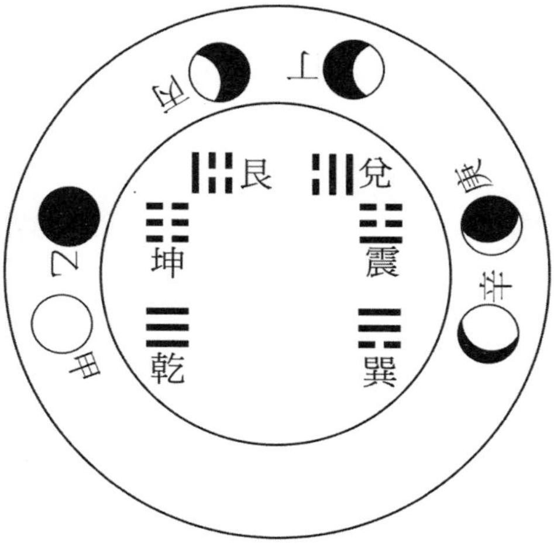

這兩圖須看清楚乾坤是一順一逆而運行，也就是乾由初順行至滿，坤由滿逆行而減。先確定乾坤順逆消長的運行，印證與原始納音古占法的裝卦地支排列是一樣的走法。

註18：參見屈萬里，《先秦漢魏易例述評》，台北：學生書局，一九八一年，頁一二二至一二五。

接著，要考證乾的順行起始方位在子，坤的逆行起始方位在亥，這就是京房的「爻辰」說，再把十二地支納入八卦每一卦的六爻。

首先，據乾坤兩卦為標準，乾始於子順行，坤止於亥逆行。清惠棟《易漢學》製爻辰圖表如下：（註19）

這個圖表，很清楚看到乾卦納支六爻自下而上是子寅辰午申戌，坤卦則是亥酉未巳卯丑。

自乾坤以下其它六子的納支，雖然惠棟沒有排列，但是依理推想，結合前面京房講的納甲順序乾震坎艮，與坤巽離兌的順序，依次退一位納支，恰恰正是今天所知的納音古占法六爻爻辰排列的真實原本，也就是：

乾：子寅辰午申戌

震：寅辰午申戌子

坎：辰午申戌子寅

艮：午申戌子寅辰

坤：亥酉未巳卯丑

巽：酉未巳卯丑亥

離：未巳卯丑亥酉

兌：巳卯丑亥酉未

註19：惠棟這個爻辰圖，是根據《火珠林》、《京房易傳》、劉歆《三統曆》、《漢書・律曆志》、《周禮》鄭玄注、《國語・周語》等等古書所見爻辰之說，參見惠棟：《易漢學》，北京：中華書局，二〇〇七年。

十、結語

一、五術的基礎知識是互相通貫，山、醫、命、相、卜都會共用基本知識，而《周易》占卜，無論是納音古占法，或者金錢卦占法，皆須靈活運用基礎知識。

二、學習或背誦五術基礎知識，特別是各種神煞，最佳最便捷的方法就是善用手掌訣。

三、納音古占是最完備的《周易》占卜，金錢卦占則是簡化很多的占法。

四、納音古占法的裝卦乾起子，坤起亥，才是正確的六爻裝卦，今本金錢卦占法裝卦坤起未是誤傳。

五、納音古占參考《周易》卦爻辭，六十四卦卦象，兼用納音五行，還有十天干與十二地支並參，是最具備綜合性與辨證性的全方位占法。

六、今傳金錢卦占法捨棄納音五行，改用正五行，遇有金錢卦占不用天干，只用地支，這是納音古占法與金錢卦占法最明顯不同之處。

七、近五十年五術界很少有人檢討金錢卦六爻裝卦有問題，本書是首次揭開產生這個問題的原因。

八、本書也是首次重排《周易》六十四卦納音裝卦。

十一、參考書目

劉賁：《卜筮全書新編》，台北：進源書局，二〇二一年。
游志誠：《周易卦爻辭文學主題解祕》，高雄：麗文文化事業股份有限公司，二〇一六年。
劉賁：《評注火珠林》，台北：進源書局，二〇一六年。
游志誠：《易經原本原解》，高雄：麗文文化事業有限公司，二〇一六年。
黃永武：《黃永武說易經》，台北：新文豐出版公司，二〇一五年。
梁湘潤：《五行大義今註》，台北：行卯出版社，二〇一四年。
高天行：《周易入門：尋卜問卦斷吉凶》，台南：華文鼎文化公司，二〇一四年。
賴貴三：《臺灣易學人物志》，台北：里仁書局，二〇一三年。
王洪緒：《卜筮正宗》，台北：武陵出版有限公司，二〇一二年。
焦循（著），陳居淵（校點）：《雕菰樓易學五種》，南京：鳳凰出版社，二〇一二年。
張德：《闢增刪卜易之謬》，台北：武陵出版有限公司，二〇一〇年。
徐芹庭：《來氏易經象數集註》，北京：中國書店，二〇一〇年。
袁樹珊：《述卜筮星相學》，北京：北京燕山出版社，二〇一〇年。
廖中：《五行精紀》，北京：華齡出版社，二〇一〇年。
張丙哲：《占易祕解》，北京：團結出版社，二〇〇九年。

張德：《闢卜筮正宗之謬》，台北：武陵出版有限公司，二〇〇九年。

鄭同（點校）：《卜筮》（古今圖書集成術數叢刊本），北京：華齡出版社，二〇〇九年。

陳居淵：《中國古代式占》，北京：九州出版社，二〇〇八年。

胡煦：《周易函書》，北京：中華書局，二〇〇八年。

惠棟：《周易述》，台北：廣文書局，二〇〇七年。

邵雍（著）、鄭同（增訂）：《增廣校正梅花易數》，北京：九州出版社，二〇〇七年。

郭彧（注引）：《河洛精蘊》，北京：華夏出版社，二〇〇六年。

張星元：《易林補遺》，北京：中國廣播電視出版社，二〇〇六年。

野鶴老人：《增刪卜易》，台北：武陵出版有限公司，二〇〇一年。

徐紹錦（校輯）：《斷易天機》，台北：武陵出版有限公司，一九九七年。

程元如：《易冒》，台北：武陵出版有限公司，一九九六年。

朱邦復：《易理探微》，台北：時報文化出版企業有限公司，一九九五年。

劉大鈞：《納甲筮法》，濟南：齊魯書社，一九九五年。

邵偉華：《周易與預測學》，台北：立得出版社，一九九四年。

易卜老人：《卜筮全書》，鄭州：中州古籍出版社，一九九四年。

徐芹庭：《易圖源流》，台北：國立編譯館，一九九三年。
江永：《河洛精蘊》，台北：廣文書局，一九九二年。
尚秉和：《焦氏易詁》，北京：中華書局，一九九一年。
余興國：《斷易大全》，新竹：竹林印書局，一九九一年。
王聖文（編校）：《易隱》，台中：瑞成書局，一九八八年。
麻衣道者：《火珠林》，台中：瑞成書局，一九八七年。
焦延壽：《易林》（四部備要），台北：臺灣中華書局，一九八四年。
來知德（著），鄭燦（訂正）：《易經來註圖解》，台北：中國孔學會，一九七八年。

十二、解廌堂五術國學班

不論老少，客製教學

一日入門，終生學習

教法：口訣掌訣，實作實勘，生活應用

一、五術組

上期課目：1羅盤　2周易　3掌訣口訣　4五術基礎知識　5陰宅陽宅風水

教　材：1《納音古占法》　2《羅盤原本》　3《易經原本原解》

4《周易文學主題解秘》

修習時間：十六週，每週三小時

學　費：面洽

開課日期：隨到隨開（請先洽詢）

下期課目：1八字易經　2卜卦三法　3姓名學　4擇日學　5面相　6手相

7進塔合爐對年收驚制煞　8多元勘輿地理

教　材：自編秘書講義

修習時間：十六週，每週三小時

學　費：面洽

開課日期：隨到隨開（請先洽詢）

二、國學組

修習課目：1文心雕龍　2文選　3諸子　4書法　5寫作　6《三國志》易學模

7《四書》易學

教　　材：《文心雕龍五十篇細讀》《劉子五十五篇細讀》《文選綜合學》
《文心雕龍與劉子跨界論述》《易經原本原解》《周易文學主題解秘》
修習時間：十五週，每週三小時
學　　費：面洽
開課日期：隨到隨開（請先洽詢）

北部課址：基隆市暖暖區暖暖街一二七號三樓
中部課址：台中市忠孝夜市路口近中興大學
南部課址：高雄市五福四路八十三號三樓
洽詢電話：〇九〇三—二六一三七二
e-mail：yuhuang@hamicloud.net